➜ Ein Familien-Koch- und Geschichtenbuch

Aazelle Bölle schelle

Liebe kleine und grosse Köchinnen
Liebe kleine und grosse Köche

Da haben wir letzthin ein ziemliches Theater aufgeführt. Es heisst «Aazelle Bölle schelle», handelt vom Kochen und war für uns richtig aufregend. Denn wir haben alle Rollen selber gespielt und auch die Lieder gesungen. Vielleicht hast du davon gehört.

Uns hat es sehr viel Spass gemacht. Natürlich auch deshalb, weil wir in jeder Vorstellung eine Pizza backen konnten. Dazu braucht man verschiedene Sachen: Mehl, Hefe, Tomaten, Käse undsoweiter-undsofort.

Wir haben uns dann gefragt, was man mit diesen Zutaten sonst noch alles kochen könnte. Darum haben wir begonnen, Rezepte zu suchen. Wie ihr seht, haben wir mit den leckersten, die wir gefunden haben, ein richtiges Kochbuch zusammengestellt.

Weil die Pizza für uns trotzdem noch das Wichtigste der Welt ist, haben wir die Rezepte nach all den Sachen geordnet, die es für eine Pizza braucht. Mehl, Hefe, Tomaten, Käse ...

Aber das merkst du selber, wenn du dieses Buch durchblätterst. Und da wir wissen, dass man beim Kochen ab und zu ein bisschen warten muss, haben wir zu allen Kapiteln eine Geschichte erfunden. Die könnt ihr lesen, wenn der Kuchen im Ofen ist. Oder ihr könnt sie euch von den Eltern vorlesen lassen, während ihr Zwiebeln hackt.

Alles klar?
Wir wünschen euch viel Vergnügen!

Eure Schlieremer Chind

Hier bist du selber am Werk.

Da holst du dir Hilfe.

Inhalt

→ 44 Rezepte

Pizza 15

Mehl
Pastetchen 19
Gemüserösti 21
Schenkeli 23
Rüeblitorte 25

Milch/Rahm
Spargeln 29
Brennnesselsuppe 31
Cremelauch 33
Joghurt-Eisbecher 35
Schokoladencreme 37

Hefe
Butterzopf 41
Laugenbrezel 43
Focaccia 45

Zucker
Beerenmousse 49
Apfelgratin 51
Meringues 53
Erdbeerbowle 55

Öl
Gemischter Salat
mit Emmentaler 59
Popcorn 61
Gurkensalat 63
Marinierte Gemüsespiesse . . 65

Gewürze
Chinesische Nudelsuppe . . . 69
Filet an Pfefferboursin 71
Vanilleglace 73
Zimtparfait 75

Tomate
Taboulé 79
Nudeln und Tomaten 81
Tomatenfondue 83
Tomatencrostini 85

Schinken/Salami
Croque-Monsieur 89
Minestrone 91
Brätpastete 93

Käse
Chäshörnli 97
Rüebliwähe 99
Polenta mit Fleisch 101
Raclette-Kartoffeln 103
Fenchel an Nusssauce 105

Ei
Griessgnocchi an
grüner Sauce 109
Süssmostcreme 111
Russische Mazurka 113
Schokoladenkuchen 115

Huhn
Huhn mit Knoblauch 119
Pouletbrüstchen an
Gruyèresauce 121
Curry mit Hühnerfleisch
und Reis 123

Speisekarte
Rezeptübersicht 124

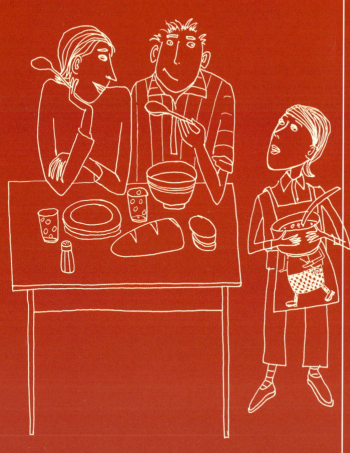

→ 12 Geschichten

Die Erfindung der Pizza 8

Mehl
Der Wolf und die sieben Geisslein:
Wie es wirklich war 16

Milch/Rahm
Die wundersame Wundersahne. 26

Hefe
Das Würfelgeheimnis 38

Zucker
Zuckerrübenpickel 46

Öl
Die erste Ölkrise (1498–1523). 56

Gewürze
Salz und Pfeffer: Beinahe eine Liebesgeschichte . . . 66

Tomate
Kopf ab 76

Schinken/Salami
So ein Aufschnitt 86

Käse
Die kleinen und die grossen Stinker 94

Ei
Das Gelbe und das Weisse. 106

Huhn
Grössere Probleme 116

Pizza

Die Erfindung der Pizza

8

Erst vor kurzem wurde in einem uralten italienischen Kochbuch, und zwar auf Seite 153, der Bericht eines gewissen Giovanni gefunden. Dieses Dokument erzählt die wahre Geschichte der Erfindung der Pizza.

Hier die ins Deutsche übersetzte Fassung:

Ich heisse Giovanni und bin ziemlich berühmt. Was kein Wunder ist, denn ich bin Büffelmelker. Und von denen gibt es nicht viele. Auch in Amerika nicht, wo ich lebe. Diese Arbeit ist nämlich wahnsinnig gefährlich. Stell dir vor: Du kletterst auf einen hohen Baum, wartest bis eine Büffelherde darunter vorbeidonnert, lässt dich auf einen Büffel fallen und melkst ihn leer, während er in die Prärie hinaus galoppiert. Das braucht ganz schön Mut. Das kann ich dir sagen.

Das Büffelmilchgeschäft läuft leider nicht mehr so gut. Deshalb begann ich, aus dem Milchrest einen tollen Weichkäse herzustellen, den ich dann an die Sioux verkaufte. Bald aber motzten diese Indianer, weil sie lieber einen Büffelmilchhartkäse essen wollten. Doch den kriegte ich einfach nicht hin. Vor einigen Monaten beschloss ich darum, meinen Freund Köbi Alpiger in den Schweizer Bergen aufzusuchen, um ihn zu fragen, wie man harten Käse macht. Und weil der Weg von Amerika in die Schweiz ziemlich genau an Neapel vorbeiführt, wo ich aufgewachsen bin, wollte ich kurz bei meinen Verwandten reinschauen. Bei meiner Schwester Mamma Margherita, die als berühmte Suppenköchin dort ein Beizli führt, und bei meinem Bruder Alfredo, einem netten, aber etwas faulen Kerl.

Als ich in Neapel ankam, traute ich meinen Augen nicht. Vor dem Beizli sass ein arabischer Flugteppichpilot auf einem Flugteppich. Neben ihm hockte ein Junge, der aufgeregt mit einer seltsam gekleideten Frau über die Flucht von einem Schiff sprach. Und dies alles mitten in Neapel. Seltsam, nicht?

Wie es dazu gekommen war, möchte ich nun erzählen, muss aber etwas weiter ausholen, weil das Wichtigste bereits lange vor meiner Ankunft in Neapel geschehen war.

Also. Das war so:

→Pizza **9**

Pizza

10

An einem schönen Morgen, es war kurz vor zwölf, wartete Mamma Margherita wie immer in ihrem Beizli auf die ersten Gäste. Natürlich erschien Alfredo als erster und verlangte gleich einen Teller Suppe. Mamma Margherita brauste auf und warf ihm vor, er sei ein fauler Kerl und solle ihr endlich auch einmal in der Küche helfen. Was Alfredo mit irgendeiner Frechheit quittierte. Und schon begann ein Streit. Was aber nicht weiter schlimm gewesen wäre, denn dies geschah Tag für Tag, war also so was wie Routine.

Nun betrat aber der Seebär Heiner das Beizli. Dieser Seebär Heiner, ein richtiges Schlitzohr, ist bei uns in Amerika fast so bekannt wie ich, denn er ist ein Kochversklaver. Was das ist, merkst du später.

Heiner mischte sich gleich so geschickt in das Gezänk von Mamma Margherita und Alfredo ein, dass daraus nach kurzer Zeit ein richtig ernster Krach geworden war. Und plötzlich rutschte Mamma Margherita der Satz heraus, auf den Heiner nur gewartet hatte: «Ich hab genug! Ich gehe!»

Heiner schmunzelte zufrieden und bot ihr die Stelle als Köchin auf seinem Schiff an. Sie schlug sofort ein und liess den verblüfften Alfredo einfach stehen.

Schon nach wenigen Kilometern ihrer ersten Schiffsreise merkte Mamma Margherita, dass sie eine ziemlich bescheuerte Entscheidung gefällt hatte. Denn Heiner hatte sie, kaum waren sie an Bord, in die winzige Küche gesperrt und befohlen: «Koch!» Und dann hatte er noch ergänzt, dass auf dem Schiff hundert Matrosen arbeiteten, die immer hungrig seien.

Zum Glück wurde Mamma Margherita der kleine Tomi zur Seite gestellt, ein pfiffiger Küchenjunge, der alle Arbeiten in Windeseile erledigen konnte.

Und doch: Diese Kocherei war ein riesiger Stress. Vor allem auch deshalb, weil die Matrosen von Mamma Margheritas Suppen nicht satt wurden und schon bald nach anderem Essen verlangten. Was Mamma Margherita zutiefst beleidigte, weil bisher alle ihre Suppen geliebt hatten.

→Pizza

Als die unzufriedenen Matrosen mit einer Meuterei drohten, begann sie in ihrer Rezeptsammlung zu wühlen und stiess auf eine Notiz, die sie von ihrer lieben Brieffreundin Sultanine, die in Bagdad lebte, erhalten hatte. Es war die Anleitung für den Sultaninenkuchen.

Leider fand sie in der Küche nicht alle Zutaten, die für diese Köstlichkeit nötig gewesen wären. Deshalb konnte sie nur Mehl, Öl, Wasser, Salz und Hefe mischen, knetete das Ganze, drückte es flach und schob es in den Ofen. Was herauskam, war ein Brot, das beinahe nur aus Rinde bestand: das Rindenbrot.

Und siehe da! Damit war es möglich, den Matrosenhunger etwas zu beruhigen. Mamma Margherita atmete auf. War froh, dass sie geschafft hatte, das Schlimmste zu verhindern. Als Tomi ihr dann aber erzählte, dass der Seebär Heiner ein Kochversklaver sei und sie als Suppensklavin an den König von Honolulu, einen Suppenliebhaber, verkaufen werde, brach für sie die Welt erneut zusammen.

Sie überlegte hin und her (der kleine Tomi half ihr natürlich dabei), wie sie sich aus dieser verflixten Situation retten könnte. Doch den beiden fiel nichts Gescheites ein. In ihrer Not machte sie dann das, was sie in solchen Fällen immer tut: Sie schrieb einen Brief an ihre Brieffreundin Sultanine, die auch in schwierigen Situationen meistens Rat wusste, steckte diesen Brief in eine Flasche und warf sie in einem günstigen Moment von Deck in Richtung Bagdad.

Mamma Margherita staunte nicht schlecht, als sich bereits am Tag danach ein arabischer Postflugteppich samt Anhänger mit grosser Geschwindigkeit dem Schiff näherte. Noch mehr staunte sie allerdings, als sie sah, wer neben dem Postflugteppichpiloten sass: Es war Sultanine persönlich.

«Einsteigen! Und zwar schnell!», rief diese schon von weitem.

Mamma Margherita überlegte nicht lange, packte ihre Siebensachen, einige

Pizza

12 Rindenbrote und den kleinen Tomi und sprang mit einem riesigen Satz auf den Flugteppich, der gleich darauf davonbrauste und schon nach wenigen Stunden vor dem Beizli in Neapel landete.

«Hallo, Alfredo!», rief Mamma Margherita, als sie die wohlvertraute Gaststube betrat.

Alfredo, der gerade wie wild Basilikum hackte, schaute erstaunt auf, denn seine Schwester hätte er nicht schon wieder zurückerwartet.

In diesem Moment platzte ich auf meinem Weg zu Köbi Alpiger in die Geschichte und staunte, wie bereits erwähnt, nicht schlecht, als ich erst einen Flugteppich, dann einen Anhänger, auf den komische rote Dinger geladen waren, anschliessend die von Wind und Wetter gestählte Mamma Margherita und zuletzt Alfredo an der Arbeit sah.

→Pizza 13

Und dann erzählten wir drei, meistens alle gleichzeitig, was wir erlebt und erfunden hatten. Ich von meinem Büffelmilchweichkäse, Mamma Margherita von ihrem Rindenbrot, und sogar Alfredo präsentierte uns etwas: den gehackten Basilikum. Wir alle waren ganz schön stolz aufeinander. So stolz, dass wir beschlossen, unser Wiedersehen mit einem Festessen zu feiern. Doch was soll man aus Basilikum, Rindenbrot und Büffelmilchweichkäse kochen?

«Im Anhänger des Flugteppichs sind Tomaten», sagte Sultanine. «Bedient euch, wenn es euch was nützt!»

«Tomaten?», fragten wir drei wie aus einem Mund, denn diesen Namen hatten wir noch nie gehört. Wir rannten zum Anhänger, griffen uns je eines dieser roten Dinger und bissen herzhaft hinein.

Und staunten.

Und dachten nach.

Überlegten hin und her.

Und wussten plötzlich, was zu tun war.

Mit flinken Händen schnitten wir einige dieser Tomaten in Scheiben, legten sie auf ein Rindenbrot, bedeckten alles mit meinem Büffelmilchweichkäse, streuten zum Schluss noch gehackten Basilikum darüber und schoben das Ganze in den Ofen.

Schon nach wenigen Minuten duftete es nach etwas wunderbar Neuem.

«Hurra», riefen wir, «endlich ist die Pizza erfunden worden!»

«Die Pizza Alfredo», ergänzte Alfredo.

«Nein, natürlich die Pizza Giovanni», korrigierte ich.

«Sicher nicht! Das ist die Pizza Margherita», warf Mamma Margherita ein. «Ihr werdets schon sehen.»

Neapel, 30. Februar 1815

Pizza

14

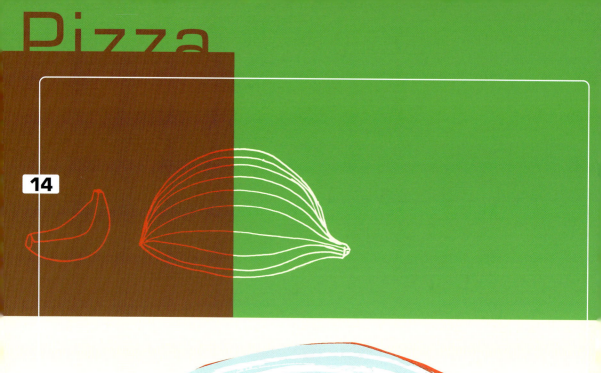

Pizza

15

300 g Mehl
1 TL Salz
1/2 Hefewürfel
2 EL Olivenöl
2 dl lauwarmes Wasser

1. Mehl und Salz vermischen und in der Mitte eine Mulde machen.

2. Hefe zerkrümeln, alles in die Mitte geben und mit der Kelle zu einem Teig zusammenfügen. Kneten, bis der Teig Bläschen hat. (Sieht man, wenn man den Teigballen aufschneidet.)

3. Den Teig in der Schüssel an der Wärme ums Doppelte aufgehen lassen.

1/2 Zwiebel
1 Knoblauchzehe
1/2 Bund frischer Oregano
evtl. Peperoni
1 EL Olivenöl
1 EL Tomatenpurée
1 kleine Dose Pelati
Salz, Pfeffer
1 Prise Zucker

4. Zwiebel, Knoblauch, Kräuter und Peperoni fein schneiden.

5. In einer Chromstahlpfanne das Öl erwärmen und alles zusammen gut andünsten und zu einer dicken Paste einkochen lassen.

7. Mit der Paste bestreichen.

6. Aus dem Teig 4 runde, flache Böden oder eine grosse Pizza formen und auf ein mit Backpapier belegtes Blech legen.

300 g Mozzarella

8. In Würfel schneiden und über die Pizza verteilen.

80 g Schinken

9. In Streifen schneiden und nach Belieben über die Pizza geben.

1 Pouletbrüstchen

10. In kleine Stücke schneiden und nach Belieben verteilen.

Salz, Pfeffer
italienische Kräuter

11. Die Pizza gut würzen.

12. Im heissen Ofen auf der untersten Rille bei 200 Grad ca. 15 Minuten backen.

1–2 Eier

13. Eier wie Spiegeleier auf die Pizza geben. Ca. 10 Minuten weiterbacken.

Mehl

Der Wolf und die sieben Geisslein: Wie e

16

Das war ja damals ein Ding. Damals, als das mit dem Wolf und den sieben Geisslein geschah. Ihr erinnert euch sicher alle an die Geschichte, in der die Mamageiss ihren Kindern verboten hatte, die Tür einem Fremden zu öffnen, und der Wolf zu allerlei Tricks greifen musste, um an seine Beute zu kommen.

Unter den Wölfen machten die Tricks aus dem Märchen ganz schön die Runde. Vor allem der mit der eingemehlten Pfote, den probierten alle aus. Und siehe da! Sie hatten Erfolg damit. Viele Geisslein mussten ihr Leben lassen, weil sie beim Anblick jeder weissen Pfote gleich die Tür aufsperrten. Deshalb wurde es unter Wölfen zur Mode, sich Morgen für Morgen von Kopf bis Fuss einzumehlen, bevor sie sich auf die Suche nach einem Haus voller nichts ahnender Geisslein machten.

Die Wölfe waren nicht nur schlaue, sondern auch reinliche Tiere, die es liebten, von Zeit zu Zeit ein Bad in einem Bach zu nehmen. Als sie aber versuchten, so die verschiedenen Mehlschichten abzuwaschen, erlebten sie ihr blaues Wunder. Denn Mehl mit Wasser gibt Teig. Und der wird, wenn er trocken ist, fast so hart wie Beton. Deshalb konnten sich die Wölfe, die sich nach dem Bad für ein Schläfchen in die Sonne legten, um ihr Fell zu trocknen, beim Aufwachen überhaupt nicht mehr bewegen. Lagen einfach nur da. Wie gefesselt und geknebelt. Gefangen im harten Teig. Und wurden so für die Menschen zur leichten Beute. Da kam ein Wolfsjäger auf die Idee, einen solchen Wolf in den Ofen zu schieben. Der Wolf im Teig war

→Pastetchen →Gemüserösti →Schenkeli →Rüeblitorte

wirklich war

erfunden: eine absolute Delikatesse, die alle gerne assen. So wurden damals alle Wölfe im Teig eingesammelt, gebacken und mit Haut und Haaren aufgegessen. Bereits nach einigen Monaten war der Wolf vollkommen ausgestorben.

«Schade», sagten die Leute, weil sie den Wolf im Teig gern hatten. Da sie aber auf so gutes Essen nicht verzichten wollten, probierten sie aus, was man sonst noch im Teig backen könnte.

Hirsch im Teig war keine gute Idee, weil niemand das mit dem Geweih richtig hinkriegte. Elefant im Teig auch nicht, weil der Ofen zu klein war. Frosch im Teig begeisterte ebenfalls niemanden, weil das ewige Gehüpfe den Teig beschädigte. Nur Wurm im Teig gelang allen, war aber vom Geschmack her nicht so toll.

Und trotzdem fanden die Leute damals einiges, was sich im Teig backen liess. Viele Sachen davon werden heute noch gegessen und gelten als Spezialitäten.

Kennst du eine davon?

Übrigens: Heute tauchen immer wieder vereinzelt Wölfe in unserer weiteren Umgebung auf. Doch die sind nicht mehr so blöd, sich nach dem Einmehlen zu baden.

Mehl

18

Pastetchen
mit Fischfüllung

19

8 Blätterteigpastetchen		1. Im auf 100 Grad eingestellten Ofen an die Wärme stellen.
1 Zwiebel **1 Bund Schnittlauch** **1/2 Bund Peterli**	2. Alle Zutaten fein schneiden.	
1 EL Öl	3. Öl in einer beschichteten Bratpfanne erwärmen und Kräuter andämpfen.	
2 EL Mehl		4. Dazugeben und gut mit den Kräutern vermischen.
2 dl Apfelwein **1 dl Bouillon**	5. Beigeben und bei grosser Hitze unter Rühren etwas einkochen lassen.	
400 g Dorschfilet	6. In Würfel schneiden und zur Sauce geben. Sorgfältig mischen. 1–2 Minuten in der heissen Sauce ziehen lassen.	
2 dl Rahm **Salz, Pfeffer**	7. Beigeben und gut mit Salz und Pfeffer abschmecken. Sofort in die heissen Pastetli füllen und servieren.	

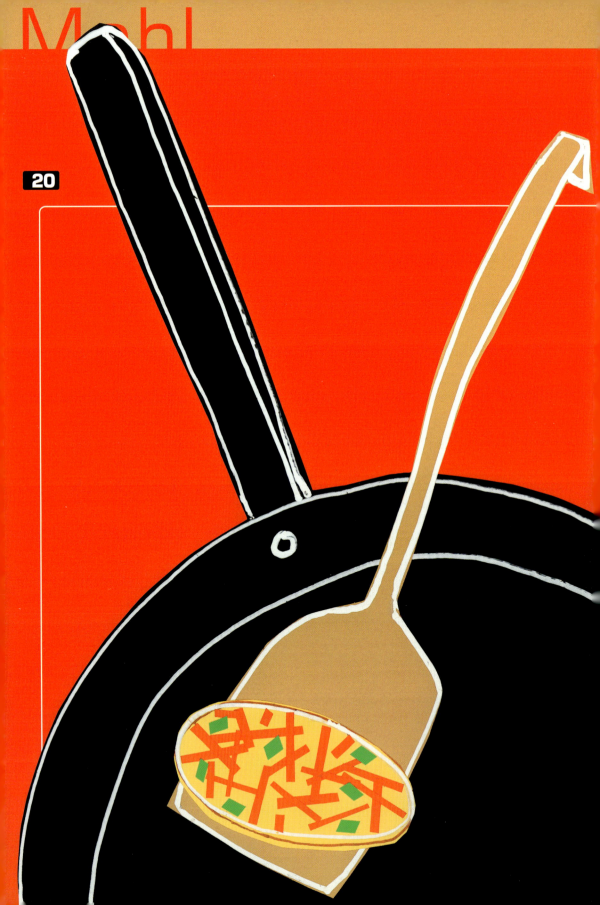

Gemüserösti

2 Frühlingszwiebeln
100 g Rüebli
100 g Kartoffeln
2 EL Pinienkerne
etwas Butter

1. Die Zwiebeln schälen und fein hacken, die Rüebli und Kartoffeln schälen und mit der Röstiraffel reiben.
Etwas Butter in einer beschichteten Pfanne erhitzen, die Kartoffeln, Rüebli, Zwiebeln und Pinienkerne hineingeben und ca. 6 Minuten unter Rühren dünsten. Vom Herd nehmen, in eine grössere Schüssel umfüllen und etwas erkalten lassen.

1 Eigelb
2 EL Mehl

2. In die Schüssel geben und alles gut miteinander vermischen. Danach aus der Masse kleine Bällchen in der Grösse eines Esslöffels formen, etwas flach zu «Tätschli» drücken.

etwas Pflanzenöl

3. In einer beschichteten Pfanne das Öl erhitzen und die Kartoffeltätschli auf beiden Seiten auf mittlerer Stufe goldgelb backen. Die Röstitaschen nach dem Backen kurz auf ein Küchenpapier legen und sofort servieren.

Mehl

22

Schenkeli

23

60 g zimmerwarme Butter
1 Ei
100 g Zucker
2 EL Sauerrahm
1 Prise Salz
1/2 unbehandelte Zitrone

1. In eine Schüssel geben und mit dem Schwingbesen rühren, bis die Masse hell ist.

2. Zitronenschale fein reiben und dazugeben.

250 g Mehl
1 Messerspitze Backpulver

3. Zur restlichen Masse geben.

4. Mit der Kelle zu einem geschmeidigen Teig zusammenfügen. Diesen im Kühlschrank ca. 30 Minuten ruhen lassen.

5. Den Teig zu fingerdicken Rollen formen. In 5 cm lange Stücke schneiden.
Die Stücke sorgfältig zu Schenkeli formen. Dabei die Enden etwas dünner machen. Auf einen leicht bemehlten Teller legen.

ca. 4 dl Öl

6. In einem Gusseisentopf erwärmen und die Schenkeli portionenweise ca. 10 Minuten backen. Dabei die Schenkeli mit der Schaumkelle immer wieder wenden und anschliessend herausnehmen.

7. Ein Gitter mit Haushaltpapier belegen und die Schenkeli abtropfen lassen.

➔ Vorsicht: Der Umgang mit grossen Mengen heissem Öl ist nicht ungefährlich. Eine erwachsene Begleitperson muss gut aufpassen!

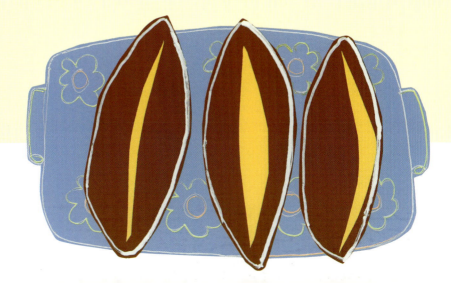

Mehl

24

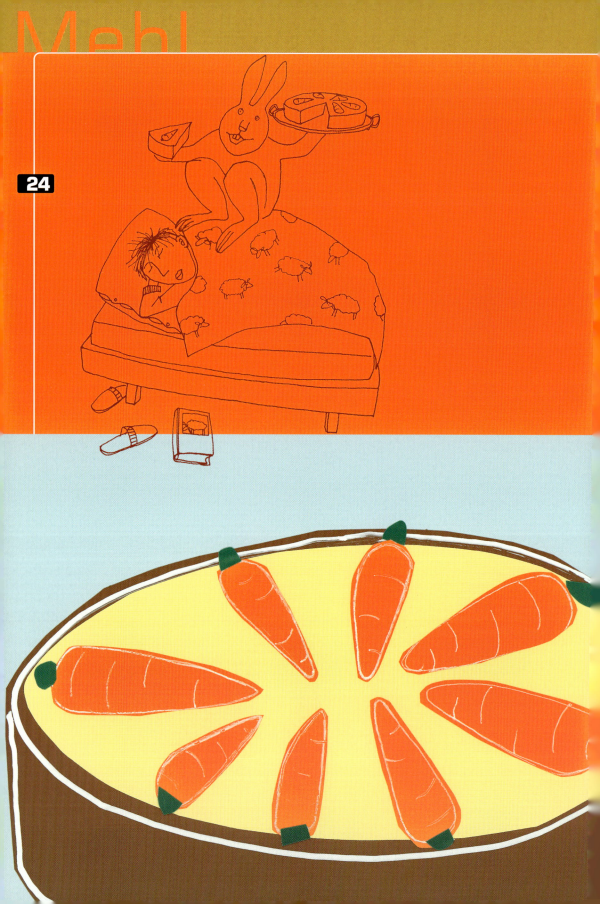

Rüeblitorte

1 unbehandelte Zitrone
150 g Zucker
5 Eigelb

1. Die Schale der Zitrone abraspeln und zusammen mit ihrem Saft, dem Zucker und den Eigelb schaumig rühren.

300 g Rüebli

2. Die Rüebli schälen und an einer feinen Raffel zu dünnen Fäden reiben.

300 g Mandeln, gemahlen
50 g Mehl
1 Messerspitze Backpulver

3. Zusammen mit den Rüebli zur Ei-Zucker-Mischung geben und alles gut vermischen.

5 Eiweiss

4. Zu Eischnee schlagen und zuletzt vorsichtig darunterziehen. Die Masse in eine mit Butter eingefettete Springform füllen, mit einem Spachtel die Oberfläche glatt streichen.

5. Im vorgewärmten Ofen bei 180 Grad auf der untersten Rille 45 Minuten backen.

150 g Puderzucker
2–3 EL Zitronensaft

6. Den Puderzucker durch ein Sieb in eine Schale schütten, nach und nach den Saft dazugeben und gut verrühren – nicht zu viel Saft verwenden. Die Glasur nach Erkalten der Torte auftragen.

➔ Die Rüeblitorte schmeckt nach 2 bis 3 Tagen am besten.

➔ Als Alternative zur Zitronenglasur bietet sich die Verwendung von Blutorangensaft an, der eine rötliche Färbung ergibt.

Milch/Rahm
Die wundersame Wundersahne

26

Es gibt viele Menschen, deren Namen wir heute noch kennen, obwohl sie schon vor vielen Jahren gestorben sind. Wilhelm Tell, Robin Hood, Ali Baba, Dornröschen: Sie alle sind noch bekannt.

Warum aber der Kuhdompteur Sepp spur- und restlos aus den Geschichtsbüchern verschwunden ist, kann ich mir nicht erklären. Denn seine zehn dressierten Kühe waren schlicht grossartig und verblüfften während Jahrzehnten die Menschen mit all den Kunststücken, die sie aufführten.

Der Hornstand zum Beispiel, der in der Regel von Veronika gezeigt wurde, der zweiten Kuh von links, war legendär. Drei Meter Anlauf, ein riesiger Satz, und schon steckte sie mit ihren Hörnern im weichen Boden und streckte elegant alle viere und das gefüllte Euter von sich.

Auch die Spazier-Pyramide war ausserordentlich: Zuunterst vier Kühe, auf die stellten sich drei, auf diese wiederum zwei und zuoberst war eine. Und dann spazierten sie. Natürlich gingen nur die unteren vier im Kreis. Die oberen sechs standen still.

Am meisten Anklang fand aber doch das Galopp-Tänzchen, ein Reigen, in dem sich die zehn Kühe mit rasanter Geschwindigkeit aus einem absoluten Durchein-

→Spargeln →Brennnesseluppe →Cremelauch →Joghurt-Eisbecher →Schokoladencreme

ander, das man seither Kuh-del-muh-del nennt, immer wieder zu neuen Aufstellungen formierten. Vor allem bei den Kindern war diese Nummer beliebt, weil sie zum Schluss für einen kleinen Batzen direkt vom Euter das probieren durften, was durch die heftigen Bewegungen des vorangegangenen Tanzes entstanden war: die beste Schlagsahne der Welt. Frisch, süss, leicht und luftig. Viel besser als die Schlagsahne, die sonst zu kriegen war.

Eine Vorstellung des Kuhdompteurs Sepp war schon ein Ereignis. Leider kam er nur einmal im Jahr ins Dorf, was für die Kinder eindeutig zu wenig war. Denn die wollten jahrein, jahraus nur noch das eine: Sahnen-Sepps Wundersahne.

Die genervten Eltern beschlossen deshalb, nach einer Möglichkeit zu suchen, wie diese wundersame Wundersahne herzustellen sei.

Man trieb mit Stöcken und Hunden während Stunden ganze Kuhherden über die Weiden, um die Euter so richtig durchzuschütteln. Keine Schlagsahne.

Man stellte einige Knechte ein, die im Schichtbetrieb an den Kühen rüttelten. Wochenlang. Keine Schlagsahne.

Man verpflichtete die besten Orchester, die im Stall zum Tanz aufspielten. Die Kühe tanzten zwar, und doch: keine Schlagsahne.

Zu guter Letzt versuchte man, dem Sepp die Kühe abzukaufen. Doch der gab keine her. Was ich verstehen kann.

Dies bedeutete, dass alle immer ein Jahr lang warten mussten, bis es wieder einmal die einzigartige Schlagsahne gab. Deshalb war Sepp auch so berühmt. Damals.

Doch eben: Wer kennt ihn heute noch?

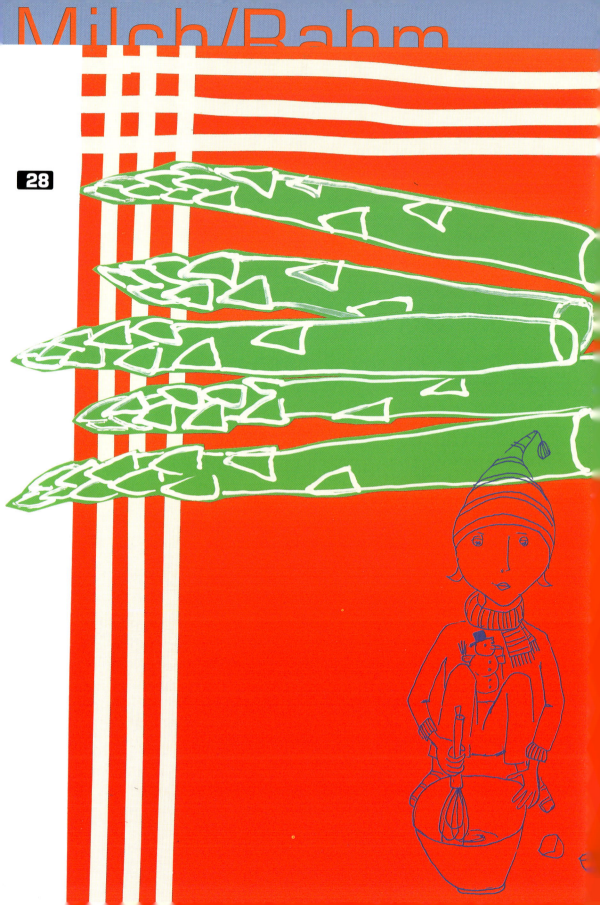

Spargeln
mit falscher Mayonnaise

29

500 g Spargeln		1. Sorgfältig schälen, indem man vom Kopf her, den man in den Händen hält, gegen das Stangenende alles Holzige abzieht.
	2. Die Spargeln waschen und die Enden etwas abschneiden.	
1 l Wasser **1 Prise Zucker** **wenig Salz** **10 g Butter**	3. Zusammen aufkochen und die Spargeln ca. 20 Minuten kochen.	4. Die Spargeln sorgfältig herausnehmen, abtropfen lassen und an die Wärme stellen.
4 EL Quark **2 EL Milch** **2 Eigelb*** **2 TL Zitronensaft** **Salz, Zucker, Muskat** **wenig Senf**	5. In einer Schüssel zusammen gut verrühren und würzen.	
1 Eiweiss*	6. Zu Schnee schlagen.	7. Sorgfältig mit dem Gummischaber unter die Masse ziehen und sofort zu den Spargeln servieren.

* ganz frische Eier verwenden

Milch/Rahm

Brennnesselsuppe

4 mittelgrosse Kartoffeln
1,2 l Bouillon

1. Die Bouillon aufsetzen und zum Kochen bringen. In der Zwischenzeit die Kartoffeln schälen, in kleinere Würfel schneiden und in die Bouillon geben.
So lange kochen lassen, bis die Kartoffeln fast weich sind.

250 g Brennnesseln

2. Der Bouillon beigeben und ca. 10 Minuten mitkochen. Wenn sie weich sind, die Suppe mit einem Mixer pürieren.

1 dl Rahm

3. Den Rahm auf vier Suppenteller verteilen und die pürierte Suppe hineingiessen.
Eventuell etwas frisch geriebenen Parmesan dazu reichen.

→ Brennnesseln pflückt man am besten mit Handschuhen an Plätzen, die ungedüngt sind und nicht zu nahe bei einer Autostrasse liegen.

Milch/Rahm

32

Cremelauch

700 g Lauch

1. Vom Lauch die welken Blätter ablösen, alle grünen Teile wegschneiden.
Der Länge nach aufschneiden, unter fliessendes Wasser halten und den Lauch reinigen.
Danach die Hälften quer in feine Streifen schneiden.

1 EL Butter

2. In einer hohen Pfanne erhitzen und den Lauch andämpfen, bis er zusammengefallen ist. Das dauert ca. 7 Minuten.

2 dl Rahm
wenig Cayenne-Pfeffer
Salz
etwas Zitronensaft

3. Alles beifügen und auf grossem Feuer sämig einkochen.

Milch/Bahm

34

Joghurt-Eisbecher

35

1 dl Rahm
1/2 Päckchen Vanillezucker

1. Rahm mit Vanillezucker steif schlagen.

1 grosses Naturejoghurt
1 Zitrone, Saft
50 g Zucker

2. Alle Zutaten zusammen vermischen. Die Masse in kleine Joghurtbecher füllen.
2–3 Stunden tiefkühlen.
Die Eisbecher lassen sich auch zubereiten, indem die Masse in Portionengeschirr für Stielglace gefüllt wird.

200 g Beeren

3. In ein hohes Gefäss geben, mit dem Mixstab pürieren und durch ein grobes Sieb streichen. Auf Dessertteller verteilen.

4. Die Glace mit dem Eisportionierer darauf geben. Dazu den Rand der Joghurtbecher kurz unter fliessendes heisses Wasser halten, damit sich das Eis vom Rand löst.

Milch/Rahm

36

Schokoladencreme

37

1 l Milch
200 g dunkle Schokolade

1. Schokolade zerbröckeln und zusammen mit der Milch bei mittlerer Hitze zum Schmelzen bringen. Die Milch darf nicht kochen.

4 Eier
150 g Zucker

2. In einer Schüssel gut verklopfen und in die Schokoladenmilch geben. Die Pfanne hierfür kurz vom Herd nehmen.

3. Die Pfanne wieder aufs Feuer stellen und die Creme unter ständigem Rühren mit einer Holzkelle kurz vors Kochen bringen – wenn die allererste Hitzeblase an der Oberfläche erscheint, die Pfanne sofort vom Feuer nehmen.

4. Die Creme unverzüglich durch ein feines Drahtsieb in eine Schüssel giessen – mit einem Spachtel nachhelfen.

1 Zitrone, unbehandelt

5. Die Zitrone in der Mitte aufschneiden und zum Aromatisieren während des Erkaltens beifügen, vor dem Servieren wieder entfernen.

Hefe

Das Würfelgeheimnis

38

Früher sahen die Brote ganz anders aus als heute. Eher wie Fladen. Wie Kuhfladen. Und genau das warf der Eggenschwiler Bauer dem Bäckermeister Charlie immer vor. Was Charlie natürlich ärgerte, verständlicherweise.

Eines Tages war Charlie mit einem schwer beladenen Fuhrwerk unterwegs, als dummerweise mitten im Gublerwald die Hinterachse brach. Charlie fluchte. Und wie er fluchte. Laut und deutlich.

Plötzlich stand eine wunderschöne Fee neben ihm, die ihn fragte, ob er Hilfe brauche. Nachdem sich Charlie vom ersten Schrecken erholt hatte, betrachtete er die Fee von oben bis unten.

«Wie will die mir denn helfen?», dachte er bei sich. «Ein so zierliches Geschöpf kann doch keine Wagenachse auswechseln.»

«Hör zu, liebe Fee!», sagte er deshalb nach einer kurzen Pause. «Das mit der Achse krieg ich schon hin. Herzlichen Dank. Wenn du aber schon mal hier bist, hätte ich da eine Frage, wenns erlaubt ist.»

«Es ist erlaubt», antwortete die Fee.

«Wie du vielleicht weisst, bin ich Bäckermeister. Nun ist es aber so, dass mich alle, vor allem der Eggenschwiler Bauer, auslachen, weil meine Brote wie Kuhfladen aussehen. Hast du nicht zufällig etwas, das meine Brote ein bisschen höher macht?»

Mit einer Handbewegung, die tausend Sternchen erzeugte, zauberte die Fee etwas herbei, das einem Würfel glich.

«Hier, nimm!», sagte sie. «Misch immer ein bisschen davon unter den Teig. Und du wirst ein kleines Wunder erleben.»

Charlie bedankte sich recht artig, reparierte sein Fuhrwerk und machte sich auf den Heimweg. Noch am selben Abend probierte er das Wundermittel aus und staunte: Die Brote wurden dick und rund.

Am nächsten Tag fragte sich das ganze Dorf, wie Charlie diese tollen Brote hingekriegt hatte. Doch er verriet sein Geheimnis niemandem.

Und wenn sein Würfelvorrat einmal zu Ende ging, begab er sich einfach an die Stelle, wo er die Fee getroffen hatte, und bat sie um einen weiteren Würfel.

➜Butterzopf ➜Laugenbrezeln ➜Focaccia

39

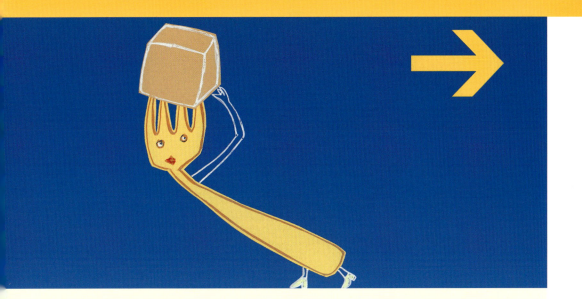

Natürlich merkten alle im Dorf, dass es um dieses neue Brot irgendein Geheimnis gab, und beauftragten deshalb den Eggenschwiler Bauern, den Bäckermeister im Auge zu behalten.

Deshalb folgte er Charlie, als sich dieser das nächste Mal aufmachte, um die Fee zu treffen. Charlie merkte nichts, doch die Fee sah den Eggenschwiler Bauern schon von weitem und erschien nicht.

«Hallo!», rief Charlie. «Ich bins!»

Doch sie tauchte nicht auf. Charlie konnte rufen, wie er wollte, er kriegte seinen Würfel nicht.

Zum Schluss rief er ziemlich ärgerlich, und dies gleich mehrmals: «He! Fee! Zeig dich! He! Fee! He! Fee!»

Am Abend erzählte der Eggenschwiler Bauer seiner Frau, dass der Bäckermeister andauernd so was wie «Hefe» gerufen habe.

«Ach, so macht er das!», rief sie dann. «Er gibt Hefe in den Teig. Das probier ich doch gleich auch mal.»

Bereits am nächsten Tag kannte das ganze Dorf Charlies Brot-Geheimnis. Und einige Wochen danach das ganze Land.

Charlie war enttäuscht, vor allem von der Fee. Weil er glaubte, dass sie sein Würfelgeheimnis auch noch anderen verraten habe.

Eigentlich schade, dass eine Geschichte, die wie ein Märchen beginnt, so enden muss.

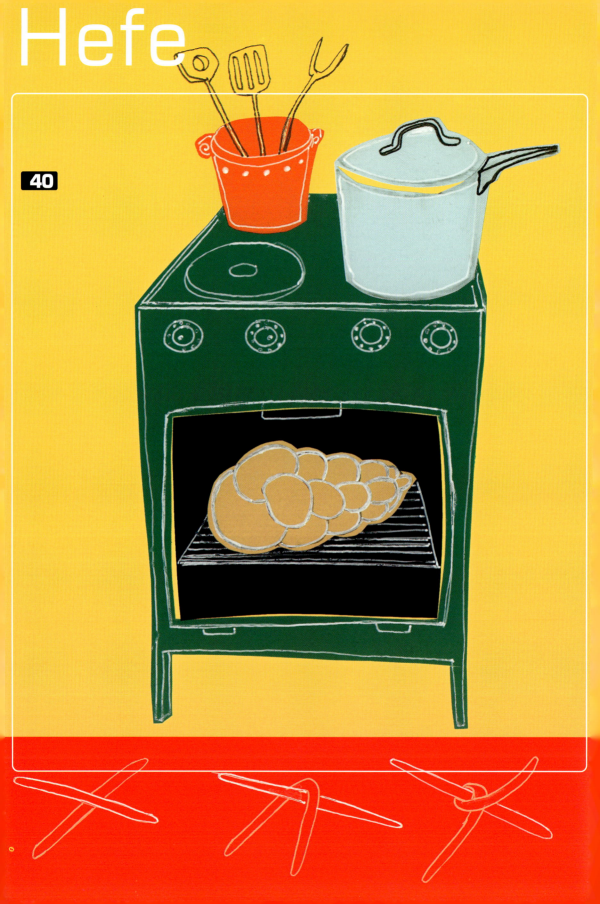

Butterzopf

41

500 g Weissmehl **2 TL Salz**	1. In einer grossen Schüssel vermischen und in der Mitte eine Mulde machen.	
1/2 Hefewürfel **1 TL Zucker** **50 g zimmerwarme Butter**	2. Den Hefewürfel und die Butter in Stücke schneiden, mit dem Zucker in die Mitte geben und mit etwas Mehl bedecken.	
1 Ei		3. Das Ei teilen und das Eiweiss beigeben. Das Eigelb beiseite stellen.
3 dl Milch	4. Dazugeben und die Masse mit der Kelle gut vermischen, bis sich der Teig von der Schüssel löst. Auf dem Tisch gut kneten, bis der Teig Bläschen hat (Test: Teigballen aufschneiden). 6. Zwei Stränge und danach einen Zopf formen. Den Zopf auf ein mit Backpapier belegtes Blech geben.	5. Den Teig in der Schüssel an der Wärme ums Doppelte aufgehen lassen.
1 TL Rahm	7. Zum Eigelb geben und verrühren. Mit einem Pinsel den Zopf bestreichen. Den Zopf nochmals ca. 30 Minuten an der Wärme aufgehen lassen.	8. Im vorgeheizten Ofen bei 200 Grad ca. 30 Minuten backen.

Hefe

42

Laugenbrezeln

500 g Mehl
1 1/2 TL Salz

1. In einer Schüssel vermischen und in der Mitte eine Mulde machen.

30 g weiche Butter
20 g Hefe
1,5 dl Wasser
1,5 dl Milch

2. Hefe zerkrümeln, in die Mitte geben und mit den restlichen Zutaten mit der Kelle zu einem Teig mischen. Auf dem Tisch gut kneten, bis der Teig Bläschen hat. (Test: Teigballen aufschneiden.)

3. Den Teig in ca. 16 Portionen teilen. Rollen von 50 cm Länge machen und daraus Schlaufen bilden. Die Enden so ineinander verschlingen, dass sie je ca. 4 cm vorstehen. Die nun entstandene Schlaufe darüberlegen. Die Enden dürfen leicht hervorschauen.

4. Bei Zimmertemperatur oder über Nacht im Kühlschrank ums Doppelte aufgehen lassen.

5 dl Wasser
50 g Natron

5. Aufkochen und die Hitze reduzieren.

6. Die Brezeln auf einer Drahtkelle einzeln nur kurz hineintauchen. Sofort auf ein mit Backpapier belegtes Blech legen und bei 200 Grad ca. 15 Minuten im vorgewärmten Ofen backen.

Wasser

7. Die noch warmen Brezeln mit einem Pinsel bestreichen (gibt Glanz).

Hefe

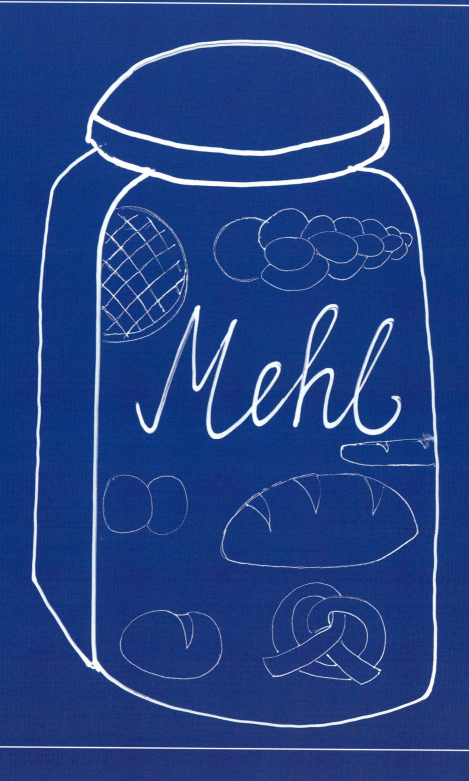

Focaccia

45

500 g Mehl **1 1/2 TL Salz**	1. In einer grossen Schüssel vermischen und in der Mitte eine Mulde machen.	
1/2 Hefewürfel **1,5 dl Milch** **1,5 dl Wasser** **2 EL Olivenöl** **wenig frischer Rosmarin**	2. Hefewürfel zerkrümeln, in die Mitte geben und mit den restlichen Zutaten zu einem Teig zusammenfügen.	
	3. Zu einem feinen Teig kneten, bis er Bläschen bildet (Test: Teigballen aufschneiden). Ums Doppelte an der Wärme aufgehen lassen.	4. Auf dem Backpapier auswallen, in Blech legen und nochmals aufgehen lassen.
	5. Mit zwei Fingern über das ganze Blech verteilt Vertiefungen machen.	
50 g Specktranchen	6. In einer beschichteten Bratpfanne ohne Fett braten.	
2 Zwiebeln	7. In Streifen schneiden und mitdämpfen. Etwas auskühlen lassen und auf dem Teig verteilen.	
Rosmarinnadeln **grobkörniges Salz** **Pfeffer**	8. Darüber geben und würzen.	9. Im vorgewärmten Ofen bei 200 Grad ca. 30 Minuten backen.

→ Lauwarm als Aperitif oder mit einem Salat als kleine Mahlzeit servieren.

Zucker

Zuckerrübenpickel

46

Ich muss zugeben, dass ich ganz schön froh war, dass der Kurverein Hinterbubikon-Süd genau an dieser Stelle eine Bank hingestellt hatte. Denn zum einen war ich nach dieser langen Wanderung erschöpft, brauchte also dringend eine Pause, zum anderen war die Aussicht von dieser Stelle aus dermassen schön, dass ich mich begeistert niederliess.

Leider kam ich aber nicht dazu, den Blick auf Landschaft und See zu geniessen. Denn von links flog ein Mückenschwarm (es waren sicher über tausend) in gepflegter Kampfformation direkt auf mich zu. Doch dann geschah das Erstaunliche. Die Mücken setzten nicht, wie sonst immer bei mir, zu einem vernichtenden Sturzflug an, sondern brausten einfach über mich hinweg.

→Beerenmousse →Apfelgratin →Meringues →Erdbeerbowle

Verblüfft blickte ich ihnen nach und bemerkte, dass sie auf dem Feld, das vor mir lag, landeten. Ich verstand die Welt nicht mehr. Bis anhin war es so, dass mein Blut für Mücken das Leckerste der Welt gewesen war, und nun liessen sie mich einfach links liegen. Auf diesem Feld musste wohl etwas zu finden sein, was noch besser schmeckte als mein Lebenssaft.

Neugierig erhob ich mich, um die Sache genauer zu betrachten, und machte die wohl grösste Entdeckung, die von Tierforschern je gemacht worden war. Die Mücken stachen in Zuckerrüben. Kopfschüttelnd ging ich näher heran und bemerkte, wie sich die Mücken neben dem Einstich hinsetzten und warteten. Den Grund dieses Wartens bemerkte ich auch gleich. Auf der Zuckerrübe bildete sich in Windeseile ein riesiger Pickel – wie auch bei mir nach einem Mückenstich. Nach etwa einer Minute stachen die Mücken dann in diese Pickel und saugten sie leer. Komplett leer.

«Was ist in diesen Pickeln nur drin?», fragte ich mich. Um es herauszufinden, verscheuchte ich eine Mücke von ihrer Rübe, drückte den Pickel aus, schleckte den austretenden Saft weg und staunte. Es war der reinste Zuckersirup. Und erst noch einer mit einem tollen Aroma. Ein Sirup, von dem man kaum genug bekommen kann.

Plötzlich sammelten sich die Mücken wieder zu ihrer Formation, erhoben sich und brausten davon. Ich rannte schnell zur Bank zurück, packte meinen Rucksack und folgte dem Mückenschwarm, weil ich herausfinden wollte, ob sie diesen Zuckersaft irgendwo ablieferten. In meiner Aufregung glitt ich auf einer Wurzel aus, verstauchte mir dabei den Fuss und verlor den Schwarm aus den Augen. Darum weiss ich nicht, wohin sie mit dem Zuckersaft geflogen sind.

Ob sie vielleicht in den Diensten von Herrn Zuberbühler stehen, der in Oberbubikon-Nord eine Zuckerfabrik besitzt? Oder arbeiten sie für Frau Ziegelstein, der die Limo-Fabrik in Unterbubikon-West gehört? Oder für den Bäckermeister Dünklibach aus Vorderbubikon-Mitte, der bekannt ist für sein süsses Gebäck?

Ich weiss es nicht. Sollte ich es aber jemals herausfinden, werdet ihr es als Erste erfahren.

Zucker

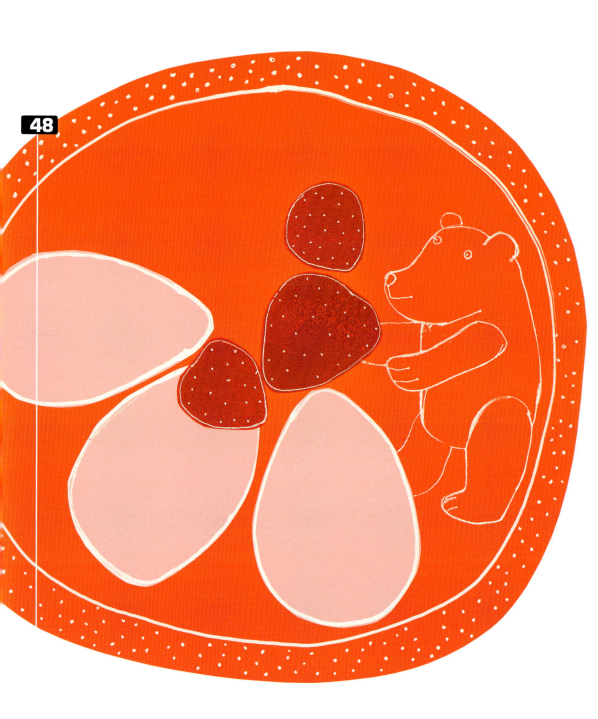

Beerenmousse

49

250 g frische Beeren **wenig Zitronensaft**	1. Rüsten und einige Beeren zur Dekoration beiseite legen. Zitronensaft mit den Beeren mischen und eine halbe Stunde zugedeckt stehen lassen.	2. Mit dem Mixer oder Stabmixer pürieren.
3 Blatt Gelatine	3. In kaltes Wasser einlegen, bis sie weich sind. Die Gelatine ausdrücken und in eine Schüssel geben.	
2 dl Wasser	4. Aufkochen.	5. Vom siedenden Wasser 3 Esslöffel unter Rühren mit dem Schwingbesen beigeben. Die so aufgelöste Gelatine sofort durch ein Sieb unter das Purée rühren. Etwas stehen lassen, bis der Rand leicht fest wird.
1 dl Rahm	6. Schlagen und darunterziehen.	
1 Eiweiss* **2 EL Puderzucker**	7. Das Eiweiss zu Schnee schlagen und nach und nach den Puderzucker unter Rühren beigeben.	8. Sorgfältig unter die Beerenmasse ziehen. Im Kühlschrank einige Stunden fest werden lassen.

✲ ganz frisches Ei verwenden

➜ Mit einem heiss abgespülten Löffel «Eier» formen und auf einen grossen flachen Teller geben. Den Rand mit Puderzucker bestäuben.
Nach Belieben mit wenig flüssigem Rahm oder frischen, aufgeschnittenen Erdbeeren servieren.

➜ Anstelle der Gelatine kann auch Agar-Agar-Pulver verwendet werden. Die Mousse wird damit nicht so stichfest.

Zucker

50

Apfelgratin

2 Eigelb
30 g Puderzucker
200 g Rahmquark
1 Zitrone, unbehandelt

1. Die Schale der Zitrone reiben und in eine Schüssel geben. Den Puderzucker und das Eigelb zufügen und mit einem Schwingbesen schaumig rühren.
Den Quark zufügen und zu einer glatten Creme verrühren.

---

4 Äpfel
1 EL Butter
1 EL Zucker

2. Die Äpfel schälen, mit einem Entkerner durchlöchern, in Hälften teilen und davon schöne Scheiben schneiden.
In einer beschichteten Pfanne Butter und Zucker schmelzen und die Scheiben darin caramelisieren.
Eine Gratinform mit Butter einfetten und die Apfelstücke darin verteilen.

3. Im Backofen die Grillschlange einschalten oder auf maximale Oberhitze vorwärmen.

---

2 Eiweiss
1 EL Zucker

4. Das Eiweiss mit einem Schwingbesen zu Schnee schlagen, nach und nach den Zucker einrieseln.

5. Den Zuckerschnee vorsichtig mit einem Spachtel unter die Quarkmasse heben und über die Äpfel verteilen.

6. Unter dem Grill in wenigen Minuten goldgelb gratinieren.

Zucker

52

Meringues

53

100 g Eiweiss	2. Eiweiss mit dem Schwingbesen in einer sauberen Schüssel zu Schnee schlagen.	1. Das Eiweiss abwägen.
3 Tropfen Zitronensaft	3. Saft dazugeben.	
240 g Zucker	4. Wenn der Schnee fest zu werden beginnt, 1/3 des Zuckers einrieseln und weiterschlagen. Danach nochmals 1/3 dazugeben. Wenn der Schnee einen Schnabel am Schwingbesen bildet, den Rest des Zuckers mit einem Holzlöffel unterziehen.	5. Masse in einen Spritzbeutel füllen.
	6. Mit zwei Kaffeelöffeln oder dem Spritzsack kleine Rosetten auf ein mit Backpapier belegtes Blech formen.	7. Ungefähr eine Stunde bei 125 Grad in der Ofenmitte backen, bis sie leicht beige sind. Ofentüre während des Backens einen Spalt breit offen lassen.

➜ Meringues lassen sich gut in einem verschlossenen Behälter aufbewahren. Wer sie etwas «klebrig» mag, legt sie auf einen Teller und stellt sie an einen feuchten Ort.

➜ Zu Meringues passen Schlagrahm und Glace. Sie lassen sich aber auch als Böden für fantasievolle Dessert- und Kuchenkreationen verwenden.

Zucker

54

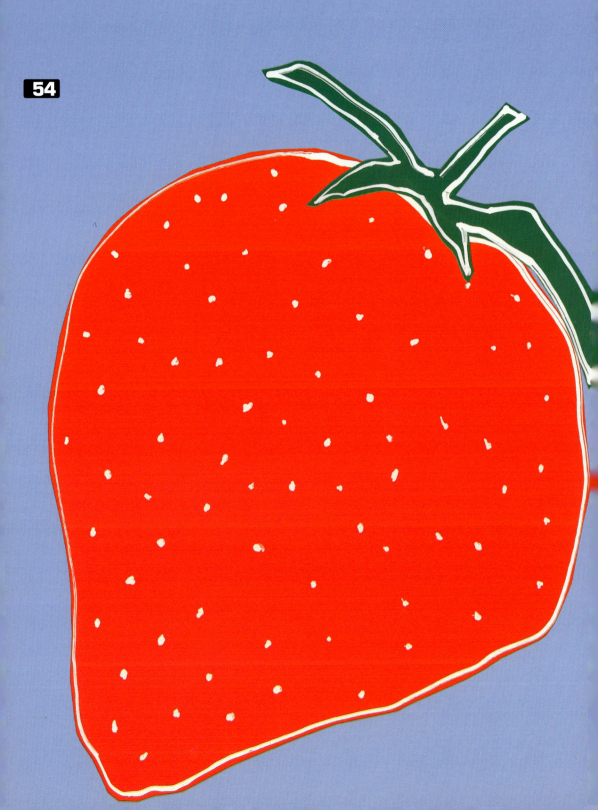

Erdbeerbowle

250 g frische Erdbeeren	1. Waschen, halbieren und in einen Glaskrug geben.
2 TL Zucker **1/2 Zitrone, Saft**	2. Beigeben und ca. 1 Stunde im Kühlschrank ziehen lassen.
0,5 l Traubensaft	3. Beigeben und 1 Stunde ziehen lassen.
3 dl Mineralwasser mit Kohlensäure	4. Vor dem Servieren beigeben.

➜ Die Gläser mit einem Zuckerrand verzieren. Dazu werden in 2 flache Schalen ein wenig Wasser und in die zweite etwas Zucker gefüllt. Zuerst taucht man den Glasrand in die Wasser- und danach in die Zuckerschale.

Die erste Ölkrise (1498–1523)

56

1498
Kolumbus (grosser Seefahrer) sucht einen neuen Weg nach Indien. Amerika ist ihm im Weg. Er ist deswegen ziemlich verärgert. Die Indianer versuchen, ihn mit einem Grillabend zu trösten. Es gibt in Sonnenblumenöl eingelegtes Büffelfleisch. «Super!», sagt Kolumbus und schickt gleich ein Schiff mit einem Ölfass in Richtung Heimat los, denn Sonnenblumenöl kennt in Europa noch niemand.

1499
Nach seiner Rückkehr wundert sich Kolumbus: Das Schiff mit dem Ölfass hat den Hafen nie erreicht. Ist und bleibt verschollen. Boten werden ausgesandt, die auf der ganzen Welt nach diesem Fass fragen sollen. Was einiges auslöst. Denn alle wollen das Sonnenblumenöl für sich haben.

1500
Louis der soundsovielte (französischer König) schickt ein Schiff los, um nach dem Fass zu suchen, denn er will unbedingt die französische Salatsauce erfinden und sich später Sonnenblumenkönig nennen.

1501
24 afrikanische Stämme fahren mit Flössen aufs Meer hinaus, weil sie vermuten, dass ein solches Öl die Tiere vor dem Sonnenbrand schützen kann. Vor allem die Ölifanten.

1502
Die Eskimos, die nicht mehr alles mit Lebertran kochen wollen, erfinden spezielle Boote, mit denen sie das Ölfass abschleppen könnten, falls sie es finden würden. Und paddeln los.

1503
Die Sumo-Ringer (dicke japanische Kämpfer) klauen im Hafen von Tokio ein Schiff, um nach dem Fass zu suchen. Sie wissen: Wer sich mit Öl einreibt, ist glitschig, darum kaum mehr zu packen, gewinnt also jeden Ringkampf.

1504
Einzelaktionen: Leonardo da Vinci (berühmter Maler) hofft, mit dem Fassinhalt die Ölfarbe erfinden zu können.
Yogi Salem (indischer Halbheiliger) ahnt, dass er mit Öl seine Kunden gesund massieren könnte.

→Gemischter Salat mit Emmentaler →Popcorn →Gurkensalat
→Marinierte Gemüsespiesse

57

Ali Baba (großer Held) hat längst schon die Öllampe erfunden. Nur das Öl fehlt ihm noch.
Sie alle fahren aufs Meer hinaus.

Ab 1505
herrscht auf allen Weltmeeren dichter Verkehr. Es kommt zu vielen Unfällen. Vor Gran Canaria rammt das französische Schiff ein afrikanisches Floss. In der Meerenge von Gibraltar bleibt das Sumo-Ringer-Schiff stecken, was einen riesigen Stau zur Folge hat. Die Eskimos, die mit Abstand am schnellsten vorwärts kommen, haben vergessen, in ihren Booten eine Bremse einzubauen, und krachen deshalb überall gegen Hafenmauern. Leonardo da Vinci nimmt bei Hawaii eine Anhalterin mit. Diese hat dermassen Übergewicht, dass das kleine Boot sinkt. Die Anhalterin ertrinkt mit einem Lächeln. Leonardo nimmt sich vor, später einmal diesen Gesichtsausdruck zu malen.

1512
Ali Baba beauftragt die 40 Piraten, die er von früher kennt, bei Australien ein leeres Fass über Bord zu werfen. Ein Trick, auf den alle hereinfallen.

1514
Yogi Salem gibt auf und rudert fluchend nach Hause. Der Rest sucht weiter.

Erst im Jahre 1523 kommt jemand auf die Idee, wie diese erste Ölkrise zu beenden ist. Natürlich Kolumbus. Er reist nochmals nach Amerika und holt sich ein zweites Fass. Alle anderen sind sauer.

Gemischter Salat mit Emmentaler

59

1 Zwiebel **1/2 Bund Peterli** **1 Tupfer Senf** **2 EL Rotweinessig** **4 EL Sonnenblumenöl** **Salz, Pfeffer**	1. Zwiebel und Peterli fein schneiden und mit den anderen Zutaten in einer weiten Schüssel mit dem Schwingbesen verrühren.	
150 g Nüsslisalat **2 Stangen weisser Chicorée** **1 kleiner roter Chicorée**	2. Die Salate gut waschen und den Nüsslisalat abtropfen lassen. Den Chicorée rüsten und in Streifen schneiden.	
150 g Emmentaler	3. In feine Streifen schneiden. Kurz vor dem Servieren den Salat mit dem Käse und der Sauce vermischen und auf Salatteller anrichten.	
2 Avocados		4. Schälen, entkernen und in Würfel schneiden.
1 EL Zitronensaft	5. Avocado beträufeln und in der Mitte auf den Salat geben.	
Baumnusskerne	7. Über den Salat geben und sofort servieren.	6. Eventuell etwas verkleinern.

➜ Es können auch andere Salate oder Käse verwendet werden.

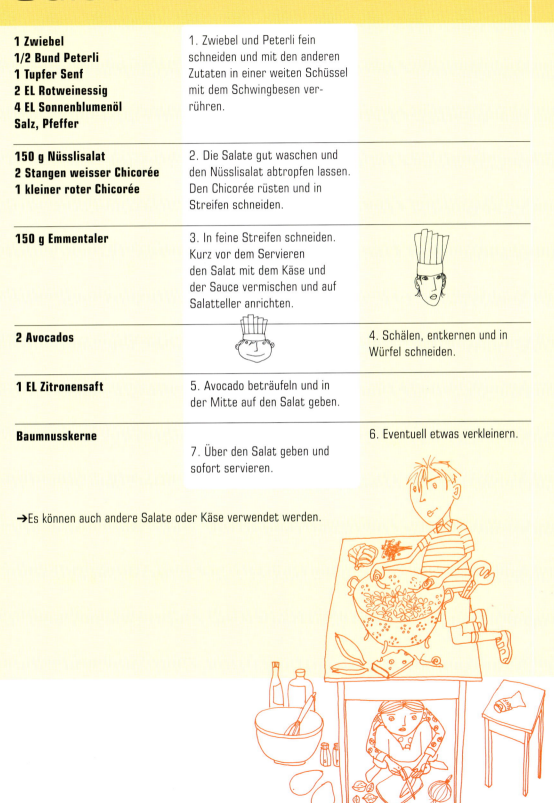

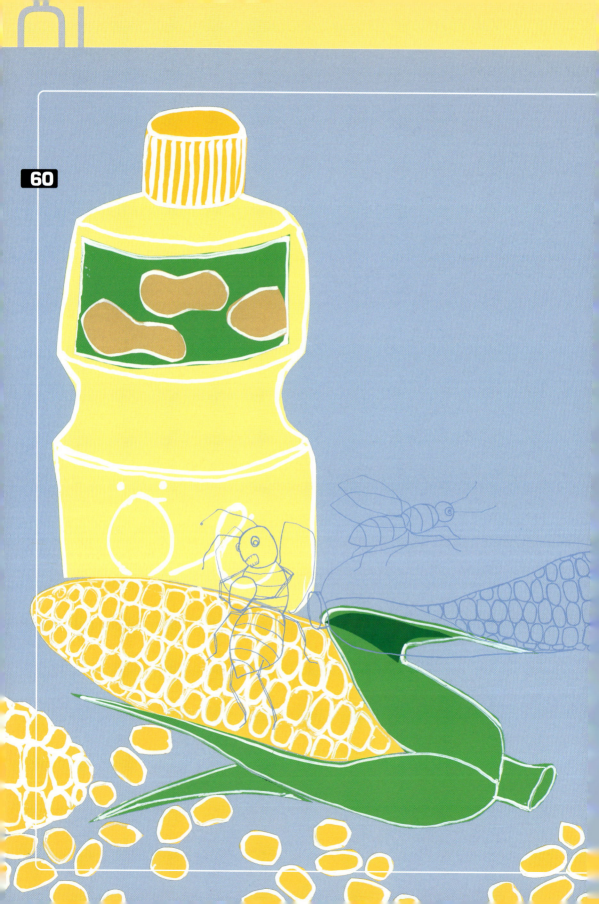

Popcorn

2 EL Erdnussöl 1. In einer hohen Pfanne erhitzen.

60 g Puffmais 2. Dazugeben und gleichmässig auf dem Boden verteilen. Wenn die Körner zu springen anfangen, die Pfanne zudecken, die Hitze reduzieren und während ca. 3 Minuten hin und her schwenken.

→ Popcorn lässt sich beliebig mit Zucker, Salz, Paprika oder anderen Gewürzen aromatisieren.

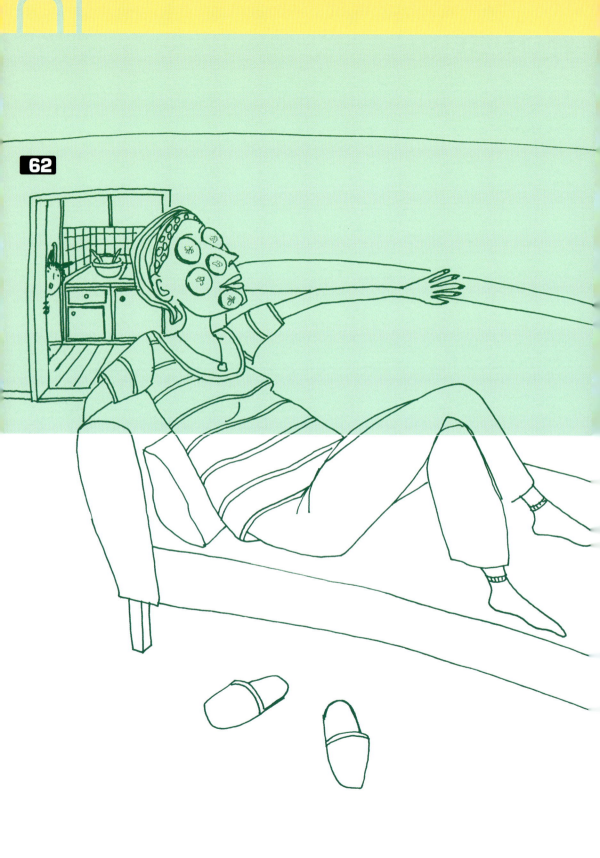

Gurkensalat

63

1 TL Senf
2 TL Mayonnaise
2 EL Essig
3 EL Öl
2 EL Rahm
1/2 Bund Schnittlauch
Pfeffer, Aromat

1 Gurke

1. Schnittlauch fein schneiden und alle Zutaten mit dem Schwingbesen zu einer sämigen Sauce verrühren.

2. Waschen und schälen. In feine Scheiben schneiden und beigeben.

Marinierte Gemüsespiesse

1 kleine Aubergine **1 Zucchetti**	1. Waschen, in Scheiben schneiden und in eine Schüssel geben.	
1/2 gelbe Peperone **1/2 rote Peperone**		2. Waschen, halbieren, entkernen und in Stücke schneiden, beigeben.
4 grosse Champignons	3. Stiele entfernen, halbieren und beigeben.	
4 Frühlingszwiebeln	4. Die dunkelgrünen Enden wegschneiden, halbieren, waschen und beigeben.	
1 dl Olivenöl **1 Bund Peterli** **2 Knoblauchzehen** **1 TL italienische Kräuter** **Pfeffer**	5. Peterli fein schneiden, Knoblauchzehen pressen und mit den restlichen Zutaten gut vermischen und über das Gemüse giessen. Eine Stunde marinieren lassen, dabei ab und zu wenden.	
Holzspiesse **evtl. Salz**	6. Das Gemüse abwechslungsweise aufstecken und auf den Gitterrost legen.	7. Ein mit Backpapier belegtes Blech in den Ofen schieben (Ofenmitte) den Gitterrost über das Blech schieben. Die Spiesse im vorgewärmten Ofen bei 200 Grad ca. 15 Minuten backen. 8. Wenn es nötig ist, etwas nachwürzen.

Gewürze

Salz und Pfeffer: Beinahe eine Liebesge

66

Heimweh ist schlimm. Natürlich vor allem dann, wenn man weiss, dass man sein Zuhause nie mehr wieder sieht.

Deshalb ist das Heimweh des Meersalzes auch kaum mehr zu überbieten. Kommt in eine Büchse, wird verkauft, landet in einem Salzstreuer, dann in einem engen Suppentopf und sieht seine Heimat, das unendlich weite Meer, nie mehr. Schrecklich!

Viel besser ergeht es da dem Pfeffer. Denn der überlegt sich nicht, ob er vielleicht auch Grund hätte, mit seinem Schicksal unzufrieden zu sein. Er will nur das eine: das Leben geniessen. Und das tut er auch in vollen Zügen.

Oft schaute das Meersalzkorn Sabrina zum Pfefferstreuer hinüber, wo wilde Feste gefeiert wurden. Manchmal wäre Sabrina gerne auf einen Sprung vorbeigegangen, durfte aber nicht. Wegen der anderen. Denn Meersalzkörner haben nicht nur Heimweh, sie sind auch eifersüchtig.

So sass Sabrina tagein, tagaus in einer Ecke ihres Streuers, vom Leben enttäuscht und vom Heimweh geplagt. Es ist deshalb nicht erstaunlich, dass sie sich entschloss, bei der erstbesten Gelegenheit abzuhauen. Und so geschah es auch. Irgendwann im tiefen Winter verliess sie bei Nacht und Nebel den Salzstreuer. Sprang auf den Tisch. Von dort auf den Boden. Und machte sich

➜Chinesische Nudelsuppe ➜Filet an Pfefferboursin
➜Vanilleglace ➜Zimtparfait

hichte

auf den Weg. Auf den Weg ans Meer. Oder besser: ins Meer. Wo Meersalz eigentlich hingehört, wie Sabrina fand.

Nach einer langen und beschwerlichen Reise erklomm sie Ende August, es war um die Mittagszeit, einen Sandkuchen, der am Morgen von einem kleinen Mädchen mit einem Förmchen gebacken worden war. Was sie von oben sah, verschlug ihr beinahe den Atem. Das weite Meer in seiner ganzen Pracht. Ihre Heimat. Am liebsten hätte sich Sabrina gleich ins Wasser gestürzt, um sich darin mit Wonne aufzulösen, entschied aber, noch diesen einen Nachmittag an Land zu verbringen, um sich dann gegen Abend, während des Sonnenuntergangs, den ersten Flutwellen hinzugeben.

Plötzlich hörte Sabrina ein Geräusch, ein leises Gramscheln im Sand. Sie drehte den Kopf und sah, wie ein Pfefferkorn den Sandkuchen hochkrabbelte.

«Hallo!», sagte dieses ausser Atem. «Ist hier bei dir noch ein Plätzchen frei?»

Ohne die Antwort abzuwarten, steckte das Pfefferkorn aufdringlich nah einen Sonnenschirm in den Sand, packte Badehose und Sonnenbrille aus, schmierte sich mit Sonnencreme ein und stellte ein Kofferradio neben sich.

«Ich heisse Filippo», sagte das Pfefferkorn, «und bin ganz scharf auf ein Bad. Kommst du mit?»

«Später vielleicht», antwortete Sabrina, leicht errötend.

Und dann begann der schönste und aufregendste Nachmittag in Sabrinas Leben. Die beiden schwatzten und schwatzten, erzählten sich gegenseitig ihre Lebensgeschichten, kamen sich immer näher und bemerkten leider nicht, dass die Flutwellen langsam ihren Sandkuchen unterspülten.

Und genau in dem Moment, in dem sie herausfanden, wie das schwierige Leben des Meersalzes erträglicher gemacht werden könnte und wie man auch künftig auf solch wunderbare Gespräche nicht verzichten müsste, genau in diesem Moment versank der ganze Sandkuchen in den Fluten. Und mit ihm die verrückteste Idee seit der Erfindung der Gummibärchen: der gemeinsame Streuer für Salz und Pfeffer.

Gewürze

68

Chinesische Nudelsuppe

400 g Rindersteak (Huft oder Entrecôte)		1. Das Steak in sehr dünne Streifen schneiden – wie Aufschnittwurst. Das kann auch der Metzger erledigen.
6 EL Sojasauce **2 EL Essig** **1 TL Ingwerpulver** **1 Prise Zimt** **1 Prise Zucker**	2. Alles in einer Schüssel verrühren und mit den Rinderstreifen vermischen. In den Kühlschrank stellen und bis zum Weiterverwenden marinieren lassen (mind. 30 Minuten).	
5 Frühlingszwiebeln	3. Waschen, putzen und das dunkle Grün wegschneiden. Danach die weissen Stücke halbieren, in dünne Streifen schneiden und auf die Seite stellen.	
200 g feine Reisnudeln	4. Nach Packungsangaben in Salzwasser kochen. Vor dem Hineinschütten ins Wasser die Packung mehrmals «durchkneten», damit die Nudeln so kurz sind, dass sie später nicht vom Esslöffel rutschen. Wenn die Nudeln gar sind, abgiessen und beiseite stellen.	
8 dl Rindsbouillon	5. In einem grossen Topf aufkochen, die Fleischmarinade dazugiessen. Fleisch und die Zwiebelstreifen beifügen.	
5 EL Sojasauce	6. Zusätzlich in den Suppentopf geben und ca. eine Minute kochen lassen. Danach die Reisnudeln auf 4 Suppenteller verteilen. Die kochende Bouillon darübergiessen und servieren.	

➔ Anstatt Reisnudeln können notfalls auch normale Spaghetti verwendet werden.

Gewürze

70

Filet an Pfefferboursin   71

1 Schweinsfilet		1. In Medaillons (1–1,5 cm dicke Scheiben) schneiden.
Pfeffer, Salz, Paprika	2. Gut würzen.	
2 EL Öl		3. In einer Bratpfanne erwärmen und die Medaillons bei grosser Hitze auf beiden Seiten gut anbraten.
1 dl Apfelwein oder Weisswein	4. Damit ablöschen und die Platte abschalten. Etwas stehen lassen.	
2 Pfefferboursin		5. In feine Scheiben schneiden.
	6. Die Medaillons und den Boursin ziegelartig in eine Gratinform einschichten. Den Apfelweinfond darüber geben.	7. In der Mitte des vorgeheizten Ofens bei 220 Grad ca. 15 Minuten überbacken.

Gewürze

Vanilleglace

2 Vanilleschoten
3 dl Milch
3 dl Rahm

1. Die Schoten der Länge nach aufschneiden, das Mark mit dem Messer herauskratzen, in eine Pfanne geben und zusammen mit der Milch und dem Rahm bei mittlerer Hitze aufkochen.

200 g Zucker
4 Eier

2. In einer Schüssel verklopfen und in die Pfanne mit der Milch und dem Rahm geben. Die Pfanne dabei kurz vom Herd nehmen.

3. Die Pfanne wieder aufs Feuer stellen und die Creme unter ständigem Rühren mit einer Holzkelle kurz vors Kochen bringen – wenn die erste Hitzeblase an der Oberfläche erscheint, die Pfanne sofort vom Feuer nehmen.

4. Die Creme unverzüglich durch ein feines Drahtsieb in eine Schüssel giessen – mit einem Teigspachtel nachhelfen. Erkalten lassen. Wenn die Creme Zimmertemperatur erreicht hat, in eine Eismaschine geben und nach Vorschrift des Herstellers einfrieren.

→Werden 100 g geschmolzene dunkle Schokolade während des Erkaltens zugefügt, gibt es Schokoladenglace, mit 10 g aufgelöstem Nescafé dagegen Glace mit Kaffeearoma.

→Gute Eismaschinen gibt es heute für weniger als 200 Franken zu kaufen. Ein Blick auf die Zutatenliste von industriell hergestelltem Eis wird einem die Anschaffung bestätigen: mehr als oben aufgeführt brauchts für eine feine Glace nicht.

Gewürze

74

Zimtparfait

75

3 Eigelb
70 g Zucker
1 EL Zimtpulver

1. Zusammen in einer Schüssel mit dem Schwingbesen verrühren, bis eine sehr helle, schaumige Masse entstanden ist.

3 dl Rahm

2. Rahm steif schlagen und mit einem Schwingbesen unter die Masse rühren.

3. Die Masse in eine Porzellanschüssel füllen und 3 Stunden in den Tiefkühler stellen. Dann ist die Masse halb gefroren, also Parfait geworden.

→ Dazu kann man Pflaumen- oder Kirschkompott reichen.

Tomate
Kopf ab

76

Kürzlich habe ich etwas wirklich Seltsames erlebt. Da wachte ich mitten in der Nacht auf, hatte Durst, ging in die Küche, um etwas zu trinken, und staunte. Denn dort sass Alfred, ein guter Freund und erst noch ein richtiger Doktor. Er hockte auf einem Stuhl und hörte mit seinem Stethoskop (das ist das Ding, mit dem Ärzte hören können, was in dir drin geschieht) den Kühlschrank ab.

«Spinnst du?», hab ich Alfred gefragt.

«Nein, natürlich nicht», antwortete er. «Aber hör zu! Ich erzähl dir eine Geschichte. Und dann verstehst du, warum ich hier sitze!»

Alfred drehte sich zu mir um und begann zu erzählen: «Das Ganze ereignete sich, als Ahmed der Böse noch König war. Dieser Ahmed liebte nur zwei Sachen: gutes Essen und unanständige Witze. Deshalb verlangte er von seinen Köchen nicht nur, dass sie wunderbare Mahlzeiten auftischten. Sie mussten ihm auch schlüpfrige Witz erzählen, während er seinen Bauch füllte.

Den Beinamen ‹der Böse› verdiente sich dieser König übrigens damit, dass er alle Köche köpfen liess, die ihm etwas servierten, was ihm nicht schmeckte, oder deren Witze ihm nicht gefielen. Wenn er sogar beides schlecht fand, liess er die Köche vor dem Köpfen auch noch auskitzeln. Schon bald wollte darum niemand mehr für ihn kochen.

Nur der Meisterkoch Slim Salabim überlebte jahrelang. Denn die Mahlzeiten, die er dem König reichte, waren genauso gut wie seine Witze fürchterlich. Ahmed der Böse war mit ihm zufrieden. Als Slim sich aber einmal erlaubte, einen Salat mit grünen Tomaten – damals waren noch alle Tomaten grün – auf den Menüplan zu setzen, war das Urteil rasch gefällt: Kopf ab! Es nützte nichts, dass Slim die wohl unanständigsten Witze zum Besten gab, die er dem König je erzählt hatte. Denn der König ekelte sich vor der Farbe dieser Tomaten dermassen, dass er gar nicht mehr zuhörte.

Aber die Tomaten hörten zu. Und ekelten sich auch. Ekelten sich, weil sie solche Witze nicht ausstehen konnten. Was heisst da nicht ausstehen! Sie hassten sie. Und sie ärgerten sich. Ärgerten sich so sehr darüber, dass sie beinahe keine Luft mehr

→Taboulé →Nudeln und Tomaten →Tomatenfondue →Tomatencrostini

kriegten und ... du glaubst es nicht: rot anliefen.

‹Gnade!›, rief Slim Salabim, als er zufällig nochmals einen Blick auf die Tomaten warf. ‹Gnade! Lass mich nicht köpfen, denn schau nur: Die Tomaten sind jetzt rot!›

Ahmed der Böse staunte, als er bemerkte, was auf seinem Salatteller geschehen war. Natürlich widerrief er sein Urteil gleich: Slim wurde nicht geköpft.

‹Super!›, riefen die Tomaten, die so stolz waren, einem Menschen das Leben gerettet zu haben, dass sie für immer rot bleiben wollten. Doch wie sollten sie dies erreichen? Sie überlegten lange, bis sie auf die Lösung kamen.

Seither erzählen sie sich immer und immer wieder die Witze, die Slim damals zum Besten gegeben hatte, ärgern sich darüber und erhalten sich so ihre wunderbare Röte.

Und wenn du das nicht glaubst, dann mach es wie ich: Setz dich für eine Nacht mit dem Stethoskop an den Kühlschrank und hör dir an, was diese Tomaten von sich geben!»

Ich tat es. Und wunderte mich. Denn so unanständige Witze hatte ich zuvor noch nie gehört. Deshalb verstehe ich nun, warum es Kindern verboten ist, sich nachts an den Kühlschrank zu schleichen.

Taboulé

175 g Boulgour

1. In eine Schüssel geben und mit kochendem Wasser übergiessen. 20 Minuten quellen lassen, bis die Körner weich sind.

3 El Olivenöl
3 EL Zitronensaft
Salz und Pfeffer

2. In eine grosse Salatschüssel geben und gut verrühren.

1/2 Salatgurke
4 Tomaten
4 Frühlingszwiebeln
3 Bund Peterli
1 Bund Minzblätter

3. Die Gurke in kleine Würfel, die Zwiebel in feine Scheiben schneiden. Peterli und Minze waschen, trockentupfen und fein hacken.
Den Boulgour in ein Sieb geben, abtropfen und etwas auskühlen lassen. Mit den Händen möglichst viel Wasser herauspressen.
Alle Zutaten in die Salatschüssel füllen und gut vermengen.

einige Salatblätter

4. Die Salatblätter als Dekoration unter das Taboulé in die Schüssel schieben.

5. Das Gericht in den Kühlschrank stellen und mindestens 3 Stunden mit Servieren warten.

→Taboulé lässt sich auch beliebig ergänzen mit Peperoni, Crevetten oder Avocado. Das Gericht eignet sich als erfrischende Mahlzeit an sehr heissen Sommertagen.

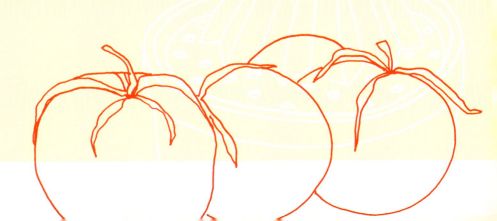

Tomate

80

Nudeln und Tomaten

81

120 g getrocknete Tomaten	1. Die Tomaten in fingernagelgrosse Stücke schneiden, in eine Pfanne mit kaltem Wasser geben und zum Kochen bringen. Beiseite stellen und im Wasser ca. 1 Stunde erkalten lassen.
400 g Nudeln	2. Al dente kochen und warm stellen.
6 Salbeiblätter **2 Knoblauchzehen** **1/4 Bund Peterli** **etwas Olivenöl**	3. Alle Zutaten fein hacken, danach in einer weiten Pfanne sehr sanft mit etwas Olivenöl andünsten. Die Tomaten aus dem Wasser nehmen und dazugeben. Nach ca. 3 Minuten die heissen Nudeln dazugeben und gut vermischen.
2 EL Parmesan, gerieben **Pfeffer**	4. Sorgfältig darunter geben und mit Pfeffer würzen.

Tomate

82

Tomatenfondue

1–2 Knoblauchzehen	1. Schälen, halbieren und das Caquelon damit ausreiben.
300 g Emmentaler und 300 g Gruyère, geraffelt 1 EL Maizena	2. Mischen und in das Fonduecaquelon geben.
1 kleine Dose Pelati 1 EL Tomatenmark	3. Wenn nötig Pelati klein schneiden und beides beigeben. Unter stetem Rühren langsam aufkochen.
wenig Salz, Pfeffer, Paprika, evtl. wenig Thymian	4. Sorgfältig würzen.
1 EL Schlagrahm 1 EL Apfelwein	5. Unter vorsichtigem, schnellem Rühren beigeben und sofort servieren.

➜ Das Tomatenfondue kann mit Brot- oder gekochten Kartoffelwürfeln serviert werden.

Tomate

Tomatencrostini

85

1 Baguette

2. Auf ein mit Backpapier belegtes Blech legen.

1. Schräg in 1–1,5 cm dicke Scheiben schneiden.

Olivenöl

3. Jede Scheibe mit dem Öl beträufeln – dazu den Daumen über den Ausguss halten und so den Ausfluss regulieren.

Salz, Pfeffer

4. Sorgfältig würzen.

400 g eingelegte, getrocknete Tomaten

5. In Streifen schneiden und auf die Brotscheiben geben.

2–3 Knoblauchzehen

6. Pressen oder fein schneiden und darüber verteilen.

7. Im vorgewärmten Ofen (Mitte) bei 250 Grad ca. 10 Minuten backen. Warm servieren.

Schinken/Salami

So ein Aufschnitt

86

Diese Geschichte ist schnell erzählt. Der eingebildete Salami, der überhebliche Schinken und das pfiffige Cipollata trafen sich, wie jeden Mittwochnachmittag, in der Schenke Zum goldenen Topf. Der Wirt hatte ihnen wie gewöhnlich Tisch elf reserviert, weil sie dort in Ruhe Karten spielen konnten. Doch schon nach fünfzehn Minuten, auch dies wiederholte sich jedesmal, legten der Salami und der Schinken die Karten weg, um die immer gleichen Geschichten, die alle etwas mit ihrer Herkunft zu tun hatten, zu erzählen.

«Wie ihr wisst», begann der Salami, «werden Salami, die wirklich guten, aus Eselfleisch gemacht. Was ihr aber nicht wissen könnt: In mir steckt der berühmteste Esel der Eselsgeschichte. Gianni Rapido. Ein verrückter Kerl. War dreimal nacheinander italienischer Galoppmeister über zwei Kilometer.»

«Das ist ja alles schön und gut», erwiderte der Schinken. «Aber nichts gegen meine Herkunft. Ich stamme, wie jeder Schinken, von einem Schwein ab. Aber nicht von irgendeinem Schwein. Nein. Sondern von Kunigunde, der gefährlichsten Kampfsau, die es je gab. Sehr wahrscheinlich musste man aus deinem Gianni Rapido Salami machen, weil er vorher meiner Kunigunde begegnet war.»

«Dies ist nicht möglich! Mein Gianni war so schnell, dass deine Kunigunde ihn nie und nimmer eingeholt hätte.»

Und so ging es dann hin und her. Zum grossen Ärger des kleinen Cipollata. Denn es hatte nicht einmal eine Ahnung, ob es überhaupt von jemandem abstammte, und hätte deshalb viel lieber Karten gespielt, als sich die endlose Aufschneiderei der beiden anzuhören. Doch die waren nicht mehr zu stoppen. Ein Wort gab das andere. Mittwoch für Mittwoch.

Eines Tages wurde es dem kleinen Cipollata zu viel. Es erhob sich und setzte sich zum Wirt, um über was anderes zu reden.

→Croque-Monsieur →Minestrone →Brätpastete

Zum Beispiel über das Wetter. Der Wirt, ein sehr einfühlsamer Mann, bemerkte natürlich die Sorgen des kleinen Cipollata.

«Was hast du denn?», fragte er.

«Mich ärgert, dass die beiden andauernd mit ihrem noblen Stammbaum aufschneiden müssen. Ich würde viel lieber spielen.»

«Das versteh ich!», antwortete der Wirt. «Doch warte! Ich hab eine Idee.»

Er stand auf, ging zu Tisch elf, packte Schinken und Salami am Kragen und verschwand in der Küche. Kurz danach kam er mit einer kalten Platte zurück.

«So!», sagte er. «Nun wollen wir mal testen, ob diese Aufschneider als Aufschnitt halten, was sie versprochen haben.»

Der Wirt und das Cipollata probierten erst den Salami, dann den Schinken und mussten eingestehen, dass sowohl Gianni Rapido als auch Kunigunde in dieser Form ganz toll schmeckten.

«Ihr beide habt nicht gelogen! Ihr seid wirklich herrlich gewesen», stellte das Cipollata fest. «Entschuldigt, dass ich euch nicht geglaubt habe.» Es klopfte sich zufrieden auf den Bauch und stutzte plötzlich.

«Moment! Nun weiss ich, dass auch in mir etwas steckt. Und ich weiss auch, was: Der schnellste Esel und die stärkste Sau. Ich bin so was von wunderbar. Aber aufschneiden werde ich damit nie. Denn sonst …!»

Der Wirt lächelte nur.

Croque-Monsieur

250 g geriebener Emmentaler und Gruyère
1 Eigelb
1 EL Worcestershire-Sauce
1 TL Senf
2 EL Rahm
1 Prise Cayenne-Pfeffer

1. Den geriebenen Käse in eine Schüssel geben und die anderen Zutaten beifügen.
Mit einer Holzkelle zu einer glatten Masse verarbeiten.
Mit dem Pfeffer abschmecken.

12 Scheiben Toastbrot, geschnitten

2. Die Rinde der Brotscheiben mit einem Messer entfernen.

6 Scheiben gekochter Schinken

3. Die Brotscheiben mit der Käsemischung bestreichen und die Hälfte davon mit einer Schinkenscheibe belegen. Jeweils 2 Hälften fest aufeinander pressen.

etwas Olivenöl

4. In eine beschichtete Pfanne ganz wenig Olivenöl geben und bei mittlerer Hitze die Scheiben auf beiden Seiten goldbraun backen.
Die Sandwiches halbieren, mit einer Serviette umwickeln und servieren.

Minestrone

91

1 Büchse rote Bohnen 200 g Speck 2 Zwiebeln 1 Knoblauchzehe 2 Rüebli 2 Kartoffeln 100 g Wirz 4 Tomaten 1 Bund Peterli 1 Bund Basilikum	1. Speck und Gemüse fein schneiden, Kräuter hacken. Speck, Zwiebeln und Knoblauch in einem grossen Topf andämpfen, Gemüse und Kräuter hinzufügen und ca. 10 Minuten weiterdünsten.	
1,5 l Bouillon	2. Mit Bouillon auffüllen und 1 Stunde bei schwacher Hitze köcheln lassen.	3. Eventuell die Suppe von Fett befreien, indem man mit einem Löffel oder einem Küchenpapier das obenauf schwimmende Fett abschöpft.
100 g Erbsen 100 g Bohnen 100 g Teigwaren	4. Anschliessend Teigwaren, Erbsen und Bohnen dazugeben. Wenn die Teigwaren al dente sind, servieren.	
50 g Parmesan, gerieben	5. Den Käse separat zur Suppe reichen.	

Brätpastete

1 Blätterteig, viereckig ausgewallt	1. Von der schmalen Seite einige Streifen für die Verzierung wegschneiden. Teig der Länge nach halbieren.	2. 1 Teighälfte auf ein mit Backpapier belegtes Blech legen.
100 g Schinkentranchen	3. Auf die Teighälfte legen. Einen Rand von 2 cm frei lassen.	
400 g Kalbsbrät **1 Bund Schnittlauch**		4. Schnittlauch fein schneiden, mit dem Brät vermischen und auf die Schinkentranchen geben.
100 g Schinkentranchen	5. Darüber legen.	
1 Ei	6. Aufschlagen und die Ränder bestreichen. Mit der zweiten Teighälfte bedecken. Verzierungen (Streifen oder Formen ausstechen) anbringen.	7. Die Ränder gut andrücken.
	8. Alles mit dem restlichen Ei bestreichen.	9. Im vorgewärmten Ofen auf der 1. Rille bei 210 Grad ca. 30 Minuten backen.

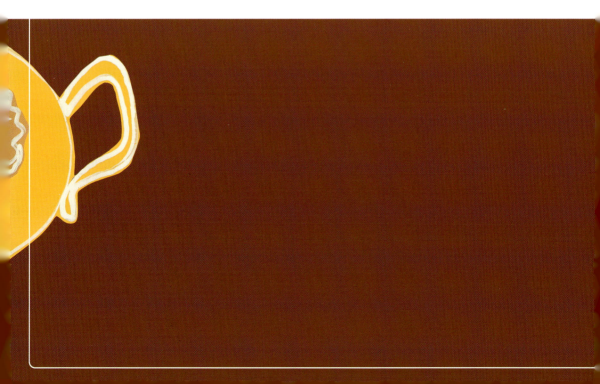

Käse

Die kleinen und die grossen Stinker

Wenn du deinem besten Freund sagst, er sei ein kleiner Stinker, so ist er mit grosser Wahrscheinlichkeit dein bester Freund gewesen. Denn Stinker ist bei uns ein Schimpfwort. Weil niemand stinken will! Gut riechen ist o. k. Duften noch besser. Aber stinken? Das nicht.

Wenn du nun aber einem Käse sagst, er sei ein kleiner Stinker, dann lächelt er verlegen und sagt leise: «Danke für das Kompliment!» Obwohl er eigentlich ein bisschen enttäuscht ist. Er wäre nämlich viel lieber ein grosser Stinker. Denn ein Käse stinkt fürs Leben gern.

Wir Menschen können das nicht verstehen. Und umgekehrt hat der Käse Mühe damit, dass wir uns mit allerlei Wässerchen zum Duften bringen. Wenn er an all die Parfüms, Seifen, Shampoos und Deos denkt, die wir gebrauchen, lacht er sich die grössten Löcher in den Laib: «Wer was auf sich hält, der stinkt. Und zwar tüchtig!»

Fragt man den Käse nach dem Warum, kriegt man prompt die Antwort: «Weil nur die grössten Stinker an der Stink-Wahl eine Chance haben!» Für einen Käse ist nämlich diese Stink-Wahl, die einmal im Jahr stattfindet, so ziemlich das Wichtigste, was es gibt. Auch wenn es an der diesjährigen Stink-Wahl zu einem riesigen Skandal kam, der die Käsewelt erschütterte.

Die Jury, die aus dem Limburger (Sieger des Vorjahres), dem Gorgonzola (Sieger des Vorvorjahres) und dem Camembert (Jury-Ehrenmitglied) bestand, konnte sich nämlich auf keinen Sieger einigen. Zum Schluss standen noch zwei Käse zur Auswahl: der Appenzeller viertelfett (wer den berührt,

➜ Chäshörnli ➜ Rüebliwähe ➜ Polenta mit Fleisch
➜ Raclette-Kartoffeln ➜ Fenchel an Nusssauce

95

kann die Hände stundenlang waschen, sie stinken trotzdem noch) und der Hulahula-Parfüm-Käse aus Hawaii (ein Extramilder mit Veilchenduft).

In den Diskussionen der Jury ging es um die Frage, ob parfümierte Käse überhaupt zugelassen sind. Und weil die drei keine Antwort fanden, wurden die Gespräche immer heftiger. Dann kam es zum Streit. Zum Schluss zur Schlägerei. Augenzeugen berichten, dass der Gorgonzola und der Camembert wahrscheinlich vom Limburger besiegt worden wären, wenn der Hulahula-Parfüm-Käse nicht eingegriffen hätte. Natürlich packte dann auch der Appenzeller viertelfett kräftig zu und verdrosch vor allem seinen Rivalen aus Hawaii. Was wirklich sehr unfair war, weil der Hulahula-Parfüm-Käse wegen des Gestankes des Appenzellers beinahe in Ohnmacht gefallen wäre und sich deshalb kaum wehren konnte.

Erst nach einer halben Stunde beruhigten sich die fünf Käse wieder. Der vernünftigste unter ihnen, der Camembert, schlug vor, dass die Jury noch einmal riechen und dann gleich abstimmen sollte.

Gesagt, getan. Die Jurymitglieder beschnupperten nochmals beide Finalisten und mussten feststellen, dass diese nicht mehr zu unterscheiden waren. Aber das ist ja auch klar. Denn wer von einem Appenzeller viertelfett verprügelt wird, stinkt nachher auch wie einer.

Die Jury war sich dann schnell einig: Es gab in diesem Jahr zwei Sieger. Was in erster Linie in Hawaii Freudenstürme auslöste. Allerdings nicht für lange. Denn als man den Hulahula-Parfüm-Käse am Hauptflughafen von Hawaii mit allen Ehren empfangen wollte, waren alle über dessen Gestank dermassen entsetzt, dass man ihm die Einreise verweigerte. Seither sitzt der arme Hulahula-Parfüm-Käse in einem kleinen Putzschrank in diesem grossen Flughafen und hofft, dass der Appenzeller-viertelfett-Gestank nachlässt. Aber da hofft er wohl vergeblich.

Käse

96

Chäshörnli

300 g Hörnli
Salz

1. Die Hörnli in Salzwasser al dente kochen und in einem Sieb abtropfen lassen.

2 Zwiebeln
30 g Butter

2. Die Zwiebeln schälen, halbieren, in feine Scheiben schneiden und bei geringer Hitze in der Butter weich dünsten.

1 dl Rahm

3. In einer Gratinform die Hörnli mit den Zwiebeln vermischen, den Rahm dazugeben und im Ofen bei 70 Grad warm stellen.

100 g Appenzeller Käse

4. Den Käse mit einer Raffel reiben und über die Hörnli streuen.

50 g Butter

5. Die Butter in der gleichen Pfanne wie zuvor aufschäumen lassen, über die Hörnli giessen und sofort servieren.

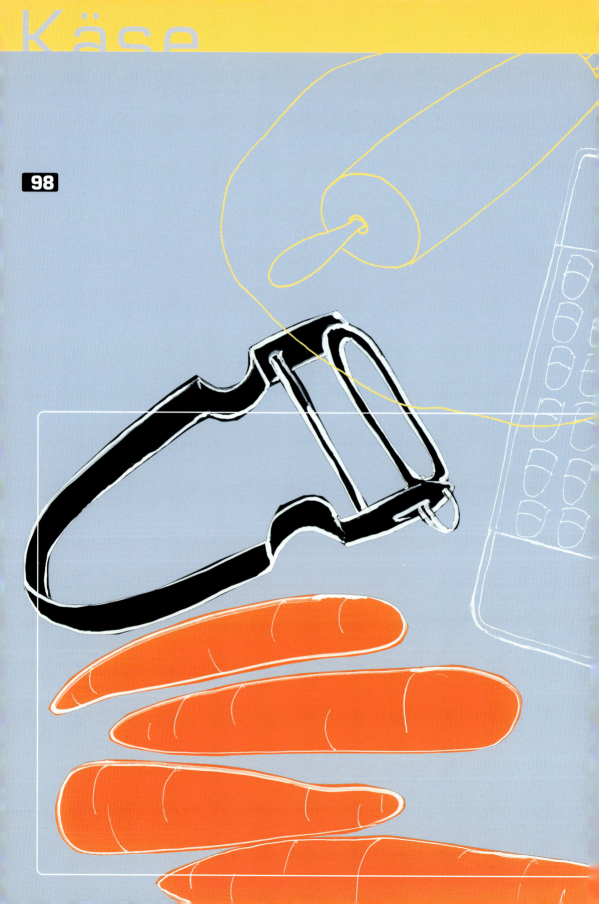

Rüebliwähe

99

1 rund ausgewallter Blätter- oder Kuchenteig	1. In ein mit Backpapier ausgelegtes Blech legen und mit einer Gabel regelmässig einstechen.	
300 g Gruyère	2. Mit der Röstiraffel raffeln und auf dem Teigboden verteilen.	
400 g Rüebli	3. Schälen und mit dem Sparschäler in Streifen schneiden. Über den Käse legen.	
1 Becher Sauerrahm **1 dl Milch** **2 Eier** **1 EL Maizena** **Pfeffer, Aromat**	4. Gut mischen und über den Belag geben.	5. Im vorgewärmten Ofen auf der untersten Rille bei 250 Grad ca. 30 Minuten backen.

➜ Diese Wähe kann auch mit anderem Gemüse zubereitet werden.

Polenta mit Fleisch

1 EL Butter **1 Zwiebel** **400 g Rindshackfleisch**	1. Zwiebel hacken. In einer beschichteten Pfanne Butter auf mittlerem Feuer erhitzen. Hackfleisch dazufügen und krümelig braten. Zwiebeln beifügen und mitdämpfen.	
2 EL Tomatenmark **1/2 Bouillonwürfel** **Salz** **Pfeffer** **Paprika**	2. Tomatenmark, Bouillonwürfel und 2 EL Wasser einrühren und ca. 5 Minuten köcheln lassen. Etwas würzen und beiseite stellen.	
3 dl Wasser **3 dl Milch** **1 Bouillonwürfel** **125 g Quick- oder Rapidmais**	3. Wasser, Milch, Bouillonwürfel zusammen aufkochen, Mais zufügen und fertig kochen.	
2 EL Butter **4 EL Parmesan, gerieben**	4. Beides mit einer Holzkelle unter den Mais mischen. 6. In eine Gratinform abwechslungsweise eine Schicht Polenta und eine Schicht Fleisch einfüllen.	5. Backofen auf 250 Grad vorwärmen.
40 g geriebener Gruyère und Emmentaler **1,5 dl Rahm**	7. Käse auf die oberste Schicht streuen, Rahm schlagen und mit einem Spachtel gleichmässig verteilen.	8. Im Ofen auf der obersten Rille schnell fertig gratinieren.

Käse

Raclette-Kartoffeln

8 Kartoffeln	1. In wenig Wasser knapp weich kochen.	2. Noch warm schälen und der Länge nach halbieren.
Salz, Pfeffer, Paprika oder Raclette-Gewürz	3. Schnittflächen gut würzen.	
150 g Raclette-Käse	4. In 4 mm dicke Scheiben schneiden, auf eine Kartoffelhälfte legen und die andere Hälfte darüber legen.	
150 g Magerspecktranchen	5. Die Kartoffeln satt umwickeln.	6. Wenn es nötig ist, mit einem Zahnstocher fixieren.
	7. Die Kartoffeln in eine Gratinform geben.	
1 dl Bouillon	8. Dazu giessen.	9. Im vorgewärmten Ofen bei 220 Grad ca. 10 Minuten backen.

➔ Dazu passt ein gemischter Salat.

Käse

104

Fenchel an Nusssauce

4 kleine Fenchel

1. Waschen und halbieren.

2. Kraut und dunkle Stellen wegschneiden.

3. In Salzwasser knapp weich kochen.

4. Mit der Wölbung nach oben in eine Gratinform legen.

1,5 dl Rahm
3 EL Haselnüsse, gemahlen
3 EL Sbrinz
wenig Salz, Pfeffer

5. Alles mischen und über den Fenchel geben.

6. Im auf 220 Grad vorgeheizten Ofen (obere Ofenhälfte) ca. 15 Minuten überbacken.

Das Gelbe und das Weisse

106   **Eines Tages sagte** das Gelbe vom Ei: «Mir reichts!»

Das Weisse vom Ei schaute das Gelbe vom Ei verblüfft an und erwiderte: «Was ist denn jetzt schon wieder los?»

«Wie du dich in diesem Ei breit machst, das ist wirklich nicht mehr normal. Mir wirds zu eng hier drin. Dabei bin ich das Gelbe vom Ei. Und damit das Wichtigste. Und habe darum Anrecht auf mehr Platz!»

«Wenn du das Wichtigste bist, so bin ich das Allerwichtigste!», antwortete das Weisse vom Ei. «Denn ich schütze dich.»

«Was? Wie soll ein solches Geschlüder wie du einen Kerl wie mich schützen?»

«So hör schon auf. Du weisst genau, dass du meinen Schutz brauchst. Und ich nehme diese Aufgabe sehr ernst. Selbst als Spiegelei umgebe ich dich noch.»

«Ich brauche keinen Schutz. Wäre lieber allein. Auch als Spiegelei.»

Das Weisse vom Ei schüttelte verärgert den Kopf: «Dann geh!»

«Genau das habe ich auch vor!»

«Aber ohne die Eierschale. Die bleibt hier. Denn die hast du nicht nötig, weil du keinen Schutz brauchst.»

«Richtig. Geh zur Seite! Ich verlasse das Ei!»

Das Gelbe vom Ei zwängte sich am Weissen vom Ei vorbei, ohne es eines Blickes zu würdigen, und fand sich hoch oben in einem Kühlschrank wieder. Erstaunt betrachtete es die ungewohnte Umgebung, machte sich dann aber gleich auf den Weg. Nach einem interessanten Schwatz mit einem halben Liter Milch über die unterkühlte Stimmung im Kühlschrank hatte es ein kleines Techtelmechtel mit der Tomate, musste aber plötzlich weiterziehen, weil das Radieschen eifersüchtig reagierte. Gleich danach wurde es von einem Stück ranziger Butter angemacht. Nur mit Glück konnte es sich hinter eine offene Büchse Mais retten, wo ihm der Kaffeerahm seinen Schutz anbot. Was die Maiskörner zu einem endlosen Gekicher verleitete.

«Ich brauche keinen Schutz!», schrie das Gelbe vom Ei genervt und hüpfte ins Gemüsefach, direkt in die offenen Arme einer schmutzigen Kartoffel.

→Griessgnocchi an grüner Sauce →Süssmostcreme
→Russische Mazurka →Schokoladenkuchen

«Wen haben wir denn da?», grinste diese und drückte das Gelbe vom Ei so fest an sich, dass es im hohen Bogen wegflutschte, steil emporstieg, flog und flog und am Ausgangspunkt seiner Reise landete: bei den Eiern.

In diesem Augenblick öffnete sich die Kühlschranktür. Eine grosse Hand griff sich ein Ei. Entsetzt starrte das Gelbe vom Ei auf den leeren Platz im Eierfach. Es war weg. Sein Ei war weg.

Ein fürchterliches Gefluche ausserhalb des Kühlschranks erschreckte das Gelbe vom Ei. Schnell klopfte es verängstigt an ein anderes Ei. «Darf ich rein?», fragte es weinerlich.

«Aber schnell!», erwiderte das andere Ei.

Kaum hatte es sich das Gelbe vom Ei neben dem anderen Gelben vom Ei gemütlich gemacht, griff die Hand abermals in den Kühlschrank, packte das Ei mit dem Doppelgelben und schlug es in die Pfanne.

«Hallo! Bist dus?», rief das Weisse vom Ei.

Das Gelbe vom Ei hob den Kopf etwas an und sah neben sich ein zweites Spiegelei. Eines ohne Eigelb.

«Hallo! Ja, ich bins!»

«Komm doch bitte rüber. Ich bin so einsam!»

«Ich kann nicht! Das Weisse vom Ei hier drüben hält mich fest.»

Und dann weinten beide ein bisschen.

Zum Glück ereignen sich
so traurige Geschichten
nur in der Welt der Eier.

Griessgnocchi
an grüner Sauce

7,5 dl Milch
40 g Butter
Salz, Muskat

1. Zusammen aufkochen.

---

200 g Griess

2. Unter Rühren beigeben und bei kleiner Hitze köcheln lassen, bis ein Brei entsteht. Hie und da mit der Kelle umrühren.

---

2 EL Mehl
2 Eier

4. Beigeben und gut unterrühren.

1,5 l Wasser

5. In einer weiten Pfanne aufkochen.

---

1 EL Salz

6. Beigeben.
Mit zwei Esslöffeln oder einem Glace-Portionierer aus der Masse Klösse formen, beigebe und so lange leicht köcheln lassen, bis die Gnocchi an die Oberfläche steigen.
Mit einer Schaumkelle herausnehmen und warm stellen.

---

2 Zucchetti
1/2 Bund Peterli
wenig Bouillon

7. Zucchetti waschen, rüsten und in Würfel schneiden. Peterli fein hacken und zusammen bei kleiner Hitze kochen, bis das Gemüse gar ist.

8. Mit dem Mixstab pürieren und abschmecken.

---

1 dl Rahm oder Sauerrahm

9. Leicht schlagen und nach Belieben in die Sauce geben.

10. Klösse und separat dazu die Sauce servieren.

Süssmostcreme

1 unbehandelte Zitrone
5 Eigelb
100 g Zucker
5 dl Süssmost

1. Die Schale der Zitrone abreiben, danach die Frucht halbieren und den Saft auspressen. In eine Pfanne mit den Eigelb, dem Zucker und dem Süssmost geben.

3. Die Creme unverzüglich durch ein feines Drahtsieb in eine Schüssel giessen – mit einem Spachtel nachhelfen.
Die Creme auskühlen lassen.

2. Die Creme bei mittlerer Hitze und unter ständigem Rühren mit einer Holzkelle kurz vors Kochen bringen – wenn die allererste Hitzeblase an der Oberfläche erscheint, die Pfanne sofort vom Feuer nehmen.

---

2 dl Rahm

4. Den Rahm steif schlagen und vorsichtig unter die Creme ziehen.

Ei

112

Russische Mazurka

5 Eigelb **175 g Zucker** **1 unbehandelte Zitrone**	1. Die Zitronenschale fein reiben, den Saft auspressen und zusammen mit den restlichen Zutaten mit dem Schwingbesen schlagen, bis die Masse hell ist.	
250 g Haselnüsse, gemahlen	2. Beigeben und gut vermengen.	
5 Eiweiss	3. Zu Schnee schlagen und sorgfältig mit dem Gummischaber darunter ziehen. Masse in eine eingefettete und mit Mehl bestäubte (Ø 20cm) Springform füllen.	4. Im vorgewärmten Ofen bei 220 Grad ca. 50 Minuten backen. Den Backofen abschalten und die Torte noch etwa 15 Minuten im Ofen stehen lassen. Auskühlen lassen. 5. Nach Belieben die Torte mit einem langen Messer in der Mitte quer durchschneiden.
3 dl Schlagrahm **1 Päckli Rahmfestiger**	6. Zusammen steif schlagen.	
2 EL Puderzucker	7. Beigeben und gut mischen. Den Tortenboden bestreichen.	8. Die zweite Hälfte darauflegen und mit dem restlichen Schlagrahm die Torte überziehen.
1 Packung Smarties	9. Den Kuchen damit dekorieren.	

Schokoladenkuchen

115

200 g dunkle Schokolade **200 g Butter**	1. Die Butter in mittelgrosse Stücke schneiden und zusammen mit der Schokolade bei kleinster Hitze zum Schmelzen bringen. Gut vermengen. Eine Springform mit dem übrig gebliebenen Butterpapier einfetten und mit Mehl bestäuben.	
200 g Zucker **5 Eier**	2. In einer Schüssel schaumig rühren, bis die Masse hell ist. Die Schokoladen-/Buttermasse zu den Eiern geben und mit einem Schneebesen sorgfältig vermischen.	
2 EL Mehl	3. In die Masse geben und nochmals vermischen. Danach in die Springform einfüllen.	4. Bei 180 Grad ca. 30 Minuten in der Mitte des Ofens backen.

→ Dazu passt Sauerrahm oder Schlagrahm. Für besondere Anlässe einen Guss (150 g Schokolade in ganz wenig Milch aufgelöst) herstellen und darüber verteilen.

Huhn

Grössere Probleme

116 **Nun erzähle ich** dir die Geschichte eines Philosophen.
Was? Du weisst nicht, was ein Philosoph ist? Dann mach mal Folgendes: Nimm ein Blatt Papier und schreib auf die Vorderseite: «Der Satz auf der anderen Seite ist falsch.» Dann drehst du das Blatt und schreibst auf die Rückseite: «Der Satz auf der anderen Seite ist richtig.» Nachher liest du den einen Satz, drehst das Blatt, liest den anderen Satz und denkst darüber nach.
Und? Was hast du rausgefunden? Nichts? Dann bist du kein Philosoph. Und auch keine Philosophin. Denn die würden erst stundenlang lesen, dabei immer wieder das Blatt wenden, dann stundenlang nachdenken und zum Schluss etwas ganz Gescheites herausfinden.

Nun aber zur Geschichte des Philosophen, in der auch ein Koch vorkommt. Was ein Koch ist, erkläre ich dir nicht. Denn das solltest du wissen.
Diese beiden, der Koch und der Philosoph, zwei gute Freunde übrigens, stritten sich wieder einmal über ihr Lieblingsthema: Was war zuerst auf der Welt? Das Ei oder das Huhn? Also das Huhn, das das Ei gelegt hat. Oder das Ei, aus dem das Huhn geschlüpft ist, das das Ei gelegt hat, aus dem das Huhn geschlüpft ist.
Wie immer entstand zwischen dem Koch und dem Philosophen ein lautes Hin und Her, weil es beide besser wissen wollten, obwohl keiner eine überzeugende Lösung bereithatte.

→Huhn mit Knoblauch →Pouletbrüstchen an Gruyèresauce
→Curry mit Hühnerfleisch und Reis

Plötzlich sagte der Philosoph: «Ich kenne einen verblüffenden Trick. Nimm ein Blatt Papier und schreib auf die eine Seite: Das Ei, aus dem das Huhn geschlüpft ist, war vor dem Huhn.»

Der Koch gehorchte.

«Dann schreibst du auf die andere Seite: Das Huhn, das das Ei gelegt hat, war vor dem Ei.»

Der Koch tat es.

«Und dann liest du beide Seiten immer wieder und denkst nach.»

Der Koch tat auch dies. Und er tat es lange. Doch er fand nichts heraus. Aber wirklich gar nichts. Was er seinem Freund dann auch sagte.

«Gib mal her!», sagte dieser ungeduldig und riss dem Koch das Papier aus den Händen.

Er drehte das Blatt hin und her, warf seine Stirn in Runzeln, fuchtelte wieder wild mit dem Blatt in der Luft herum und sagte bereits nach einigen Minuten: «Ich glaub, ich habs! Doch halt!» Er schaute nochmals aufs Papier. «Da hab ich etwas übersehen!» Und begann von neuem.

Nach einer guten Stunde wurde es dem Koch zu bunt. Er ging in die Küche, nahm ein Poulet und ein Ei aus dem Kühlschrank und fragte die beiden im Scherz: «Kommt, sagt schon! Wer von euch beiden war zuerst?»

Da schauten sich das Poulet und das Ei erstaunt an und schüttelten stumm den Kopf. Erst als der Koch ein grosses Messer zu schleifen begann, raunte das Ei: «Wieso sind die Menschen nur so doof?»

«Keine Ahnung!», antwortete das Poulet unterkühlt. «Aber wenn sie keine grösseren Probleme haben, dann gehts noch! Finde ich.»

«Grössere Probleme werden sie gleich kriegen!», schmunzelte das Ei.

«Warum?»

«Ich war wohl etwas zu lange im Kühlschrank. Bin ziemlich abgelaufen. Fühle mich deshalb nicht mehr so gut. Wer mich jetzt noch isst, kriegt Bauchweh. Oder mehr.»

Das Poulet grinste, legte einen Flügel zärtlich um das Ei, drückte es fest an sich und sagte: «Dann machs gut!»

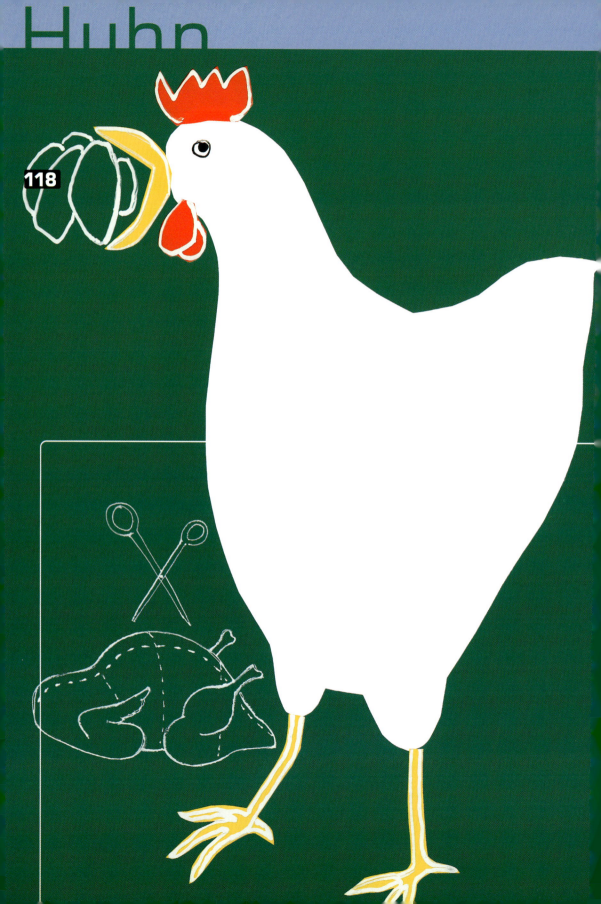

Huhn mit Knoblauch

1 Freilandhuhn (vom Metzger in 8 Teile geschnitten) **Salz und Pfeffer**	1. Fleisch kurz unter kaltem Wasser abspülen und mit einem Küchenpapier trockentupfen. Mit Salz und Pfeffer würzen.	
1 EL Butter **2 EL Olivenöl**	2. Beides in einem Brattopf erhitzen und die Geflügelstücke bei mittlerer Hitze goldbraun anbraten.	3. Darauf achten, dass jene Teile mit Haut zuerst angebraten werden. Wenn es so weit ist, die Geflügelstücke kurz aus dem Topf nehmen.
1 dl Weisswein		4. Mit dem Wein den Bratensatz lösen, indem man mit einer Holzkelle nachhilft. Den Topf vom Feuer nehmen und die Stücke wieder hineinlegen.
6 Knoblauchzehen **4 Frühlingszwiebeln** **1 Zweiglein Rosmarin** **1 Zweiglein Thymian** **1 Zweiglein Majoran** **30 g Speckwürfel**	5. Die Zehen aus der Schale lösen, die Zwiebeln in grobe Stücke schneiden. Mit den anderen Zutaten in den Topf zwischen die Geflügelteile legen.	6. In den auf 200 Grad vorgewärmten Backofen schieben und 10 Minuten schmoren lassen.
600 g Kartoffeln **1 dl Hühnerbouillon**	7. Die Kartoffeln in kleine Würfel schneiden und zusammen mit der Bouillon zum Huhn in den Topf geben.	8. Während ca. 30 Minuten weiter im Ofen braten.

Huhn

120

Pouletbrüstchen
an Gruyèresauce

1 EL Butter		1. In einer beschichteten Pfanne erwärmen.
1 Rüebli **1 Pfälzerrübe**	2. Schälen und mit dem Sparschäler in Streifen schneiden. 2 Minuten dünsten.	
4 Pouletbrüstchen **Pfeffer, Aromat**	3. Würzen und auf das Gemüsebett legen.	
1 dl Apfelwein **1 dl Hühnerbouillon**	4. Ablöschen und zugedeckt ca. 10 Minuten garen.	5. Die Flüssigkeit absieben und in einer anderen Pfanne etwas einkochen lassen.
1 Becher Doppelrahm	6. Zur Sauce geben und umrühren.	
80 g Gruyère	7. In Würfel schneiden, zur Sauce geben und schmelzen lassen. Die Sauce sollte nicht mehr kochen.	
1 Eigelb		8. Darunter ziehen.
	9. Die Pouletbrüstchen mit dem Gemüse auf Teller anrichten und die Sauce dazu servieren.	

→ Pfälzerrüben oder gelbe Rüben sind meistens auf dem Markt erhältlich.

Curry mit Hühnerfleisch
und Reis

123

1 Zwiebel **2 Knoblauchzehen**	1. Schälen und klein hacken.	
1 frischer Ingwer, nussgross		2. Schale wegschneiden und in grobe Stücke schneiden.
4 Pouletbrüstchen ohne Haut **1 EL Olivenöl**	3. Die Brüstchen zu mundgerechten Portionen schneiden. Das Öl in einer grossen, beschichteten Pfanne erhitzen und die Stücke gleichmässig auf allen Seiten anbraten. Auf einen Teller geben und beiseite stellen.	
1 EL Olivenöl **2 EL mildes Currypulver** **2 dl Hühnerbouillon**	4. In der gleichen Pfanne Zwiebel und Knoblauch kurz andünsten, danach den Ingwer und das Currypulver hineingeben. Nach ca. 1 Minute das gebratene Hühnerfleisch beimischen und mit der Hühnerbouillon auffüllen. Zugedeckt 20 Minuten kochen lassen.	
230 g Langkornreis	5. In der Zwischenzeit den Reis nach Angaben auf der Verpackung kochen.	
4 EL Rahm	6. In die Pfanne mit dem Fleisch geben, gut durchmischen, dann den Reis zufügen.	
1 Bund frischer Koriander	7. Hacken und über das Gericht streuen.	

→ Statt Langkornreis kann auch Basmatireis verwendet werden.

Speisekarte

Rezeptübersicht

Vorspeisen
Brennnesselsuppe 31
Tomatencrostini 85

Hauptgerichte
Pizza 15
Pastetchen 19
Spargeln .29
Chinesische Nudelsuppe 69
Filet an Pfefferboursin 71
Taboulé 79
Nudeln und Tomaten 81
Tomatenfondue 83
Croque-Monsieur 89
Minestrone 91
Brätpastete 93
Chäshörnli 97
Rüebliwähe 99
Polenta mit Fleisch 101
Huhn mit Knoblauch 119
Pouletbrüstchen an Gruyèresauce . .121
Curry mit Hühnerfleisch und Reis . . .123

Beilagen
Gemüserösti 21
Cremelauch 33
Gemischter Salat mit Emmentaler . . .59
Gurkensalat 63
Marinierte Gemüsespiesse 65
Raclette-Kartoffeln 103
Fenchel an Nusssauce 105
Griessgnocchi an grüner Sauce 109

Desserts
Jogurt-Eisbecher 35
Schokoladencreme 37
Beerenmousse 49
Apfelgratin 51
Meringues 53
Vanilleglace 73
Zimtparfait 75
Süssmostcreme 111

Dies und das
Schenkeli 23
Rüeblitorte 25
Butterzopf 41
Laugenbrezeln 43
Focaccia .45
Erdbeerbowle 55
Popcorn .61
Russische Mazurka 113
Schokoladenkuchen 115

→ Hungrig auf mehr Lesefutter von Martin von Aesch?

Martin von Aesch
Torgasse 12:
Kukus erster Fall

Illustriert von Anna Luchs
160 Seiten, gebunden, mit zahlreichen
s/w Illustrationen
CHF 23.–, DM 24.80, ATS 181.–, EURO 12.70
ISBN 3-7152-0437-0

Eigentlich heisst er ja Kurt. Aber alle nennen ihn Kuku. Und wenn er von den Ereignissen des letzten Sommers berichtet, dann nimmt er wie immer kein Blatt vor den Mund. So ist Kuku eben.
Also: Es beginnt alles mit einer tollen Grillparty an der Torgasse 12, wo Kuku wohnt. Doch plötzlich taucht der Zumstein senior auf. Das ist der Vermieter des Hauses. Und dieser Zumstein, der mag keine Haustiere. Und auch keine vorlauten kleinen Jungen wie Kuku. Kurz, es kommt zu einem Riesenstreit. Vor allem wegen dem Meerschweinchen von Carla. Aber auch ein bisschen wegen Kuku, der seinen Mund wieder einmal nicht halten kann. Und nach dem Streit ist plötzlich alles wie verhext an der Torgasse 12. Ein klarer Fall für Kuku. Aber ganz schön kompliziert.

Zu diesem Kochbuch gibts das neue
Musiktheater der Schlieremer Chind
auch als CD und Musikkassette

CD (Kinder-Musiktheater)
ca. 19.80, DM 23.–, ATS 168, EURO 13.80
ISBN 3-7152-0456-7

Musikkassette (Kinder-Musiktheater)
ca. CHF 12.80, DM 15.90, ATS 117, EURO 7.80
ISBN 3-7152-0455-9

Martin von Aesch
1951 geboren und im Limmattal nahe Zürich aufgewachsen. Den Traum von der erfolgreichen Fussballerkarriere lässt er schon in jungen Jahren fallen. Er wird Primarlehrer und unterrichtet während 25 Jahren. Daneben übernimmt er die Leitung der von zahlreichen Aufführungen und Tonträgern bekannten «Schlieremer Chind». 1992 schrieb er zusammen mit Urs Blöchlinger das Musical «Little Nemo», das in Zürich rund vierzig Mal aufgeführt wurde. Seit 1999 arbeitet er als freischaffender Autor an verschiedenen Projekten mit dem Anliegen, dass das Verständnis der Grossen für die Kleinen (und umgekehrt) verbessert werden soll, kann und vielleicht sogar wird.

… d Chatz gaht

Aazelle...

atlantis
verlag pro juventute

...Bölle schelle

Impressum
Die Schreibweise entspricht den Regeln der neuen
deutschen Rechtschreibung, Schweizer Normen.
Copyright © 2001 by Atlantis, verlag pro juventute, Zürich
Alle Rechte vorbehalten.
Geschichten: Martin von Aesch und Martin Gantenbein
Rezepte: Christoph Stokar und Marie-Thérèse Miller
Illustrationen: Anna Luchs
Buchgestaltung: Holenstein & Holenstein, Zürich
Herstellung und Druck: Tiroler Repro Druck GmbH, Innsbruck
3-7152-0454-0 (Buch)
3-7152-0453-2 (mit CD)

1. Auflage 2001